손으로 쓰고 마음으로 그리는 관음기도

손으로 쓰고
마음으로 그리는
관음기도

글 불영 자광 • 그림 양선희

기도 성취를 돕는 사경·사불·진언
신묘장구대다라니

민족사

● 머리말

삶의 순간순간이 기도가 될 때 원하고 품은 뜻이 다 이뤄진다

"사는 게 정말 답답하고 힘들어요. 불보살님, 저를 좀 돌봐주세요."

부처님께 기도하면서 하소연하는 신도들이 아주 많습니다. 그런 모습을 볼 때마다 제 마음도 답답해집니다. 신도들의 고단한 삶이 안타깝기도 하고, 한편으론 '내가 이분들을 제대로 이끌지 못했구나' 하는 자책감마저 듭니다.

불교는 이 세상의 모든 것이 서로 이어져 있고, 서로 의지 의존하는 관계[相依相關]로 이루어진 연기(緣起)의 존재임을 깨닫게 해 주는 종교입니다. 우리는 혼자 살 수 없습니다. 나 혼자만 존재할 수가 없습니다. 대자연, 우주공간, 모든 생명의 도움이 있어야 삶을 유지할 수 있는 연기적 존재입니다. 이렇게 연기의 존재라는 사실을 깨닫게 되면 우리는 주위 사람들에게 감사하지 않을 수 없고, 대자연의 물과 바람과 햇빛에도 늘 감사하는 마음으로 살아갈 수 있습니다.

우리는 모두 부처님과 똑같은 불성(佛性)을 간직하고 있습니다. 우리가 소원하는 것들이 이미 우리 안에 다 갖춰져 있다는 말입니다. 그런데 왜 그리도 사람들은 허기지고 모자라고 답답하고 힘들다고 할까요?

그렇습니다. 스스로 연기의 존재라는 사실을 깨닫지 못하기 때문입니다. 또한 무명(無明) 무지(無知)가 마치 구름이 태양을 가리듯 지혜를 막아서고 있기 때문입니다. 우리 모두 값을 매길 수 없는 보배구슬[無價寶珠]인데 그동안 지은 업장(業障: 말·동작 또는 마음으로 지은 나쁜 업에 의한 장애)이 보배구슬을 가리고 덮기 때문에 미처 빛을 드러내지 못하는 것입니다.

그렇다면 어떻게 해야 이 장애물을 치우고 우리 안의 보배구슬을 빛나게 할 수 있을까요? 결코 어렵지 않습니다. 지극한 마음으로 간절하게 기도하면 됩니다. 그러다 우리가 연기의 존재임을 깨닫게 되면 자기 안에서 빛나던 불성이 또렷이 나타나는 것입니다.

기도는 온 우주에 충만한 부처님과 우리를 하나로 묶고 엮는 줄입니다. 기도를 통해 나와 부처님이 하나가 되면서 마음이 맑고 고요해지면서 지혜로워집니다. 햇살에 눈이 녹듯 지혜의 밝은 빛으로 켜켜이 쌓인 업의 장애물이 하나둘씩 벗겨져 기적이 일어납니다. 한번 무명을 벗기고 나면 바라던 일들이 앞서거니 뒤서거니 저절로 다 이루어집니다.

혹시 업장 타령을 하고 있진 않으십니까? 어리석은 이의 탄식일 뿐입니다. 우리 인생은 자기 스스로 얼마나 노력하느냐에 따라 다양한 길로 갈라져나갈 수 있습니다. 기도는 업장을 바꿔 자신의 삶을 바꾸는 가장 지혜로운 수행법입니다. 삶의 순간순간이 기도가 될 때 원하는 것, 품은 뜻을 다 이룰 수 있는 힘이 생깁니다. 바로 지금 이 순간부터 기도하시길 기원 드립니다. 기적이 눈앞에서 즉시 이루어질 것입니다.

**언제 어디서나 부처님의 가피를
당당하게 요구하라**

나는 스승이신 경산 스님의 명을 받아 이미 사병으로 군 복무를 마쳤음에도 불구하고, 장병들에게 부처님의 가르침을 전하기 위해 군승(軍僧)으로 재입대했습니다. 그 때만 해도 군승제도를 실시한 지 얼마 되지 않아 여러 가지 어려움이 많았습니다. 안으로는 '스님이 장교인 군승으로 군대에 가면 환속한다'는 세간의 의혹 섞인 눈초리도 부담스럽고, 밖으로는 이미 군대 내에 확고하게 자리 잡고 있던 기독교와 천주교의 거센 반발에 부딪쳐 사사건건 일을 추진하기 힘들기 때문입니다. 그런데 그때마다 기도 수행으로 어려움을 해결할 수 있었습니다.

군승으로 임관한 지 얼마 지나지 않아서 월남전에 참전하게 되었을 때 일입니다. 나는 군승이기 때문에 직접 총을 쏘는 일은 없지만, 직접 전투를

벌여야 하는 군인들을 위로하고 격려하고, 때론 전사자를 천도해 주었습니다. 각 부대를 찾아다니며 부처님 말씀을 전하기도 했지만, 워낙 치열한 전투상황이 계속되는 상황이라 죽거나 다친 군인들을 천도해 주기 바빴습니다. 교전이 수시로 벌어지는 전쟁터인 만큼 눈코 뜰 새가 없었습니다.

그렇게 바쁜 와중에도 가끔 월남의 사찰을 방문해서 월남 스님들과 수행 이야기를 나누면서 출가자로서의 본분사를 확인하곤 했습니다. 그러던 어느 날 군복을 입은 베트콩이 내가 방문한 사찰에 들이닥쳐 다짜고짜 총을 겨누었습니다. 나는 비록 군승의 신분이었으나 군복 차림이니 그들이 보기에는 한국군 장교로만 보였을 것입니다. 월남 스님이 나서서 그 남자에게 내 신분이 스님이라고 아무리 얘기를 해도 그는 아랑곳하지 않고 내게 총구를 들이댔습니다. 절체절명의 순간, 월남 스님에게 통역을 부탁하고 그에게 직접 말을 건넸습니다.

"이 옷 때문에 나를 죽이려고 합니까? 이 옷 때문에 부처님의 제자를 죽이려 한단 말입니까? 난 부처님의 말씀을 전하기 위해 일부러 이 나라를 찾아온 대한민국의 스님입니다. 군인들과 함께 이곳에 왔지만 나는 여기 계신 스님과 똑같은 수행자입니다. 보다시피 총도 갖고 있지 않습니다. 부처님의 제자까지 죽여가면서 당신들은 대체 무엇을 얻으려는 겁니까? 수행자까지 죽여야만 얻어지는 좋은 세상이 있다면 어디 한번 죽이십시오. 내가 죽어 당신들이 바라는 세상이 찾아올 수 있다면 마땅히 죽어주겠습니다."

베트콩은 내 말을 듣고 눈빛이 순해지더니 마침내 허리 숙여 합장한 다음 순순히 물러났습니다. 그들의 불심은 내가 생각한 것보다 훨씬 더 깊었습니다. 전쟁의 와중에도 사찰과 스님들은 결코 건드리지 않는 게 그들의 불문율이었던 것입니다.

긴장이 스르르 풀리면서 불보살님께 감사의 합장을 올렸습니다. 총에 맞아 죽을 수도 있던 긴박한 상황에서 내가 침착하고 용기 있게 대처할 수 있었던 것은 다 부처님의 가피와 화두 참구, 관음기도 덕분이라는 생각이 듭니다. 이후에도 삶의 고비마다 기적 같은 일이 많이 일어났습니다. 수행자로서 결코 짧지 않은 세월 속에 기도로 체득한 바가 아주 많습니다. 결론적으로 기도수행이 언제 어느 때나 불보살님의 가피를 입으면서 살아가는 비결이라고 자신 있게 말할 수 있습니다.

기도 수행으로 마음이 열리면
고통이 스러지고 행복의 문이 열린다

대부분의 사람들은 누구나 갖가지 고민거리를 끌어안고 괴로워합니다. 직업도 좋고, 자녀들도 착하고, 가족 간에 우애가 돈독해서 겉으로는 누가 봐도 행복해 보이는데 정작 본인은 온갖 고통에 시달리는 사람들이 의외로 많습니다. 길면 긴 대로 짧으면 짧은 대로 불평불만을 토로하며 고통을 호소하는 사람들을 보면서 장탄식이 나올 때가 많습니다.

'저들이 어떻게 하면 고통에서 벗어나 행복할 수 있을까?' 하는 것이 내 평생 화두라 해도 과언이 아닙니다. 내가 군포교에 매진한 것도, 전역을 한 뒤에도 멀고 가까움을 가리지 않고 찾아가 부처님 법을 전한 것도 삶의 현장에서 괴로워하는 사람들에게 고통에서 벗어나는 길을 알려주기 위함이었습니다. 부처님의 법이 곧 고통에서 벗어나 영원한 즐거움을 얻는 이고득락(離苦得樂)의 길이기 때문입니다.

나 역시 우리 시대를 살아가는 평범한 사람들과 똑같은 일을 겪었습니다. 6.25전란 속에서 극도의 두려움을 느끼고, 궁핍을 겪고, 생사의 이별을 당하면서 뼈저린 슬픔에 애간장을 녹이기도 했습니다. 이 모든 괴로움이 내 수행 정진의 원동력이 되었습니다. 정진 중에 가파른 절벽에 부딪히기도 했고, 암흑 속을 헤매기도 했지만, 치열하게 수행한 끝에 마침내 마음의 눈이 조금씩 열렸습니다. 그리고 알았습니다. 마음의 실체를….

알고 나면 고통이 저절로 스러집니다. 사바세계가 그대로 극락이 됩니다. 한 걸음 한 걸음 걸을 때마다 진리의 연꽃이 피어나는 꽃길이 되고, 언제나 미소 지으며 행복하게 살아갈 수 있습니다. 마음을 제대로 알고 마음을 잘 쓰면 당신이 그대로 부처님이 되고, 관세음보살이 됩니다. 내가 마음에 대해 쓴 짧은 글을 옮기면서 이 책,『손으로 쓰고 마음으로 그리는 관음기도』의 머리말을 가름하겠습니다.

알았네[覺]

마음, 마음, 마음이여
모양도 색깔도 부피도 무게도 없는 마음
한계가 없으니 우주를 싸고 남았고
가고 옴이 없으니 항상 존재하고
무게가 없으니 우주를 짊어졌고
성내고 기뻐함이 없으니 항상 평화롭고
색깔이 없으니 각양각색을 통합하였네.

마음에서 허공이 나왔고
시간과 공간이 나왔고
중생과 부처가 나왔고
천당과 지옥이 나왔으니
과연 삼라만상을 창조하였도다.

항상 나와 함께 하는 진법계의 실상이여,
만상이 들락거리는구나.

2017년 4월 8일

불영 자광 합장

• 손으로 쓰는 관음기도 1 •

알았네[覺]

마음, 마음, 마음이여
모양도 색깔도 부피도 무게도 없는 마음
한계가 없으니 우주를 싸고 남았고
가고 옴이 없으니 항상 존재하고
무게가 없으니 우주를 짊어졌고
성내고 기뻐함이 없으니 항상 평화롭고
색깔이 없으니 각양각색을 통합하였네.

마음에서 허공이 나왔고
시간과 공간이 나왔고
중생과 부처가 나왔고
천당과 지옥이 나왔으니
과연 삼라만상을 창조하였도다.

항상 나와 함께 하는 진법계의 실상이여,
만상이 들락거리는구나.

— 불영 자광 법어

● 마음으로 그리기 1

관세음보살님도 어디서 기도하시나요?

온 정성 다해 마음으로 그려 보세요

● 마음으로 그리기 2
걱정마세요 내가 듣고 있어요

온 정성 다해 마음으로 그려 보세요

● 머리말

**삶의 순간순간이 기도가 될 때
원하고 품은 뜻이 다 이뤄진다** ... 4

언제 어디서나 부처님의 가피를 당당하게 요구하라 ... 6
기도 수행으로 마음이 열리면 고통이 스러지고 행복의 문이 열린다 ... 8

● 들어가는 글

마음, 행복의 열쇠 ... 20

기도, 마음을 바꾸는 수행법 ... 25
기도·발원, 소원 성취의 비결 ... 28
의상 조사 백화도량 발원문 ... 30

● 손으로 쓰고 마음으로 그리는 관음기도 발원문

**우리 곁의 모든 이들이
관세음보살이라는 가르침을 잊지 않으오리다** ... 36

● 관세음보살은 누구신가?

빛처럼 빠르게 듣고 구원해 주시는 관세음보살 ... 42

우리 소원을 자유자재로 성취시켜 주시는 관세음보살 ... 43
관세음보살의 슬프고도 아름다운 전생 이야기 ... 45
32·33가지 변화신을 나타내어 구원해 주시는 관세음보살 ... 49
관세음보살은 선재동자에게 어떤 가르침을 주셨을까? ... 51
관세음보살은 왜 아미타 부처님을 보관(寶冠)에 모시고,
정병(淨瓶)과 버들가지를 들고 있을까? ... 62

진급하고 싶은가? 간절히 기도하라 ... 65
관세음보살을 친견한 뒤 목숨을 구한 만해 한용운 스님 ... 66

● 어떻게 기도할 것인가?

될 때까지 기도하라, 마음이 그리는 대로 이루어진다 ... 74

생활 속에서 염불하고 기도하라, 반드시 응답이 온다 ... 76

● 손으로 쓰고 마음으로 그리는 관음기도의 공덕

간절하게 기도하면 원하는 것을 다 이룰 수 있다 ... 84

관음기도 가피로 군부대 내 총격 사건을 무마시킨 이야기 ... 84
관음기도 덕분에 육군훈련소 호국연무사 큰법당 불사를 원만 성취하다 ... 88
사경 공덕으로 부친을 천도시킨 정진 스님 ... 94
기도는 소원 성취의 비결이자 치매 예방의 명약, 마음 치유의 특효약 ... 98

● 신묘장구대다라니의 공덕

생각만 해도 이루어지는 신묘장구대다라니 ... 102

이 주문으로 미래의 악세 중생을 크게 이익케 하라 ... 102
용성 스님의 신묘장구대다라니 수행,
독립 운동과 대각교 운동의 주춧돌이 되다 ... 104

● 온갖 소원을 성취시켜 주는 관음기도

업장 소멸, 소원 성취의 지름길 ... 108

신묘장구대다라니(神妙章句大陀羅尼) ... 108

● 복덕(福德)이 늘어나는 관음기도

　밝음이 샘솟아 죄업이 소멸되고 소원을 성취하다 … 112

　　관세음보살본심미묘육자대명왕진언(觀世音菩薩本心微妙六字大明王眞言) … 112
　　준제진언(准提眞言) … 112

● 좋은 인연을 만나는 관음기도

　원하는 대로 복덕과 지혜를 갖춘 자녀를 얻게 되다 … 116

　　관세음보살옥환수진언(觀世音菩薩玉環手眞言) … 116

● 액운을 막아 주는 관음기도

　늘 지켜보고 재난과 병고에서 건져주시니
　위급한 상황에도 두렵지 않네 … 120

　　관세음보살멸업장진언(觀世音菩薩 滅業障眞言) … 120

● 행복을 열어 주는 관음기도

　재앙을 없애고 상서로운 공덕을 얻는 법 … 124

　　불설소재길상다라니(佛說消災吉祥陀羅尼) … 124

● 관세음보살의 열 가지 약속

　바로 지금 관세음보살 되는 법 … 128

　　관세음보살 10대 서원 … 128

● 관세음보살의 마흔 두 가지 진언과 수인

42가지 손 모양과 진언으로
온갖 소원 이루고 모든 재앙 물리치네 ... 130

관세음보살 42수 진언 ... 130

● 손으로 쓰고 마음으로 그리는 관음기도 회향 발원문 ... 152

이 인연 공덕으로 세세생생 고통에서 벗어나 행복해지이다 ... 152

손으로 쓰는 관음기도 ❶ 11	손으로 쓰는 관음기도 ❷ 32	손으로 쓰는 관음기도 ❸ 39
손으로 쓰는 관음기도 ❹ 55	손으로 쓰는 관음기도 ❺ 68	손으로 쓰는 관음기도 ❻ 69
손으로 쓰는 관음기도 ❼ 107	손으로 쓰는 관음기도 ❽ 110	손으로 쓰는 관음기도 ❾ 113
손으로 쓰는 관음기도 ❿ 117	손으로 쓰는 관음기도 ⓫ 121	손으로 쓰는 관음기도 ⓬ 125
손으로 쓰는 관음기도 ⓭ 129	손으로 쓰는 관음기도 ⓮ 155	

● 마음으로 그리기

1. 관세음보살님도 어디서 기도하시나요? ... 12
2. 걱정마세요 내가 듣고 있어요 ... 14
3. 서로 의지하면 두려울 게 없단다 ... 34
4. 관세음보살님, 제가 어디를 가든 지켜주실 거죠? ... 40
5. 나는 관세음보살님이 제일 좋아 ... 56
6. 관세음보살님, 저는 사람들한테 좋은 소식을 많이 전해주고 싶어요 ... 58
7. 나는 항상 이 자리에서 너를 기다리고 있단다 ... 60
8. 네가 번뇌를 가져오면 내가 깨끗이 씻어줄게 ... 70
9. 정병의 버드나무 푸른 가지는 언제나 환희여라 ... 72
10. 어디를 가도 나를 잊지 말아라 ... 80
11. 관세음보살님, 세상의 분노를 녹여 주세요. 철조망이 사라지게 해 주세요 ... 82
12. 관세음보살님, 저를 맡아주세요 ... 100
13. 관세음보살본심미묘육자대명왕진언, 준제진언, 준제게송 ... 114
14. 관세음보살옥환수진언 ... 118
15. 관세음보살멸업장진언 ... 122
16. 불설소재길상다라니 ... 126
17~23. 관세음보살 42수 진언 ... 138~151
24. 어루만져야 할 중생이 얼마나 많았으면 관세음보살의 손이 천 개나 되었을까 ... 156
25. 지켜봐야 할 중생이 얼마나 많았으면 관세음보살의 눈이 천 개나 되었을까 ... 158

● 들어가는 글

마음, 행복의 열쇠

"새해 복 많이 받으세요. 건강과 행복을 빕니다."

새해 인사뿐만 아니라 평소에도 세상 사람들에게 건네는 최고의 덕담은 건강과 행복일 겁니다. 사람들에게 소원이 무엇이냐고 물어도 대부분 건강과 행복을 손꼽습니다. 행복해지기 위해서 건강이 필수라는 점을 고려한다면, 우리 인생의 목표는 행복이라 할 수 있습니다.

이와 같이 우리는 모두 행복을 원합니다. 그렇다면 행복이 무엇인지 그 실체를 제대로 알아야 진정으로 행복해질 수 있을 것입니다.

국어사전적인 해석에 의하면 행복은 "삶에서 기쁨과 만족감을 느껴 흐뭇한 상태"라고 합니다. 그렇다면 사람마다 얼굴도 다르고 성격도 제각각 다르듯 행복해지는 상태도 다 다를 것입니다. 똑같은 것도 상황에 따라, 다시 말해 그 시간 그 자리에 누구와 함께 있는지, 어떤 생각을 하고 어떤 행동을 하느냐에 따라 행복하다고 느낄 수도 있고 그렇지 않을 수도 있습니다.

또한 사람들의 가치관에 따라 행복에 대한 기준도 달라집니다. 평소 겉모습에 치중하는 사람, 그러면서도 잘 생기지 못한 사람은 예뻐지고 잘생겨지고 싶을 테고, 성형수술을 통해 예전보다 훨씬 더 인물이 좋아졌다면 크나큰 행복감을 느낄 것입니다. 하지만 겉모습보다는 내면을 중시하는 사람은 아무리 외모가 못생겨도 그것이 자신의 행복과 불행에 거의 영향을 미치지 않습니다. 그런 사람은 성형수술에 대해서는 생각조차 하지 않습니다. 오히려 주위에서 자꾸 그 사람에게 성형수술을 해서라도 예뻐지라고 종용한다면 그것 때문에 스트레스를 받을 것입니다.

돈과 명예도 마찬가지입니다. 대부분의 사람들이 돈이 많고, 지위가 높으면 행복할 거라고 생각합니다. 하지만, 그렇지 않은 사람도 있습니다. 돈과 권력을 쫓는 사람은 그게 없으면 불행하다고 느끼겠지만, 그와 달리 부귀영화에 초연한 사람은 가진 게 없어도 불행해 하지 않고 유유자적 나름의 행복을 골라 누리면서 살아갑니다.

돈이 많으면 행복할 거라고 생각하는 사람이 많지만 그 돈 때문에 목숨을 잃기도 하고, 가장 가까운 인연인 부모자식, 형제자매지간에 원수가 될 수도 있습니다. 권력도 마찬가지입니다. 권불십년 화무십일홍(권력은 10년을 못 가고, 아무리 어여쁜 꽃이라도 10일을 가지 않는다)이라는 말이 있듯이 권력은 영원하지 않을 뿐만 아니라 권력 때문에 패가망신하는 경우도 많습니다. 권력을 얻은 덕분에 행복한 시간보다 권력을 잃고 불행해 하고 한탄하는 세월이 훨씬 더 깁니다.

행복은 어디에서 올까요?

마음이 바로 행복의 열쇠입니다. 마음먹기에 따라서 행복할 수도 있고, 불행할 수도 있습니다. 행복은 변하지 않는 절대 개념이 아니라 마음먹기에 따라서 변하는 상대 개념입니다. 심즉시불(心卽是佛), 마음이 곧 부처라는 말처럼 불교의 핵심은 마음을 잘 알고 잘 쓰는 데 있습니다.

마음은 우주를 감싸 안을 만큼 크기도 하고, 겨자씨처럼 작기도 합니다. 세상만사 온갖 조화를 다 부리는 마음을 깨달으면 부처요, 마음을 다잡지 못하고 갈팡질팡 헤매면 어리석은 중생입니다.

화엄경 사구게에서 이와 같은 마음의 신묘한 모습을 잘 그리고 있습니다.

약인욕료지(若人欲了知) 삼세일체불(三世一切佛)
응관법계성(應觀法界性) 일체유심조(一切唯心造)

만약 어떤 사람이
과거 현재 미래의 일체 부처님을 알고자 한다면
마땅히 법계의 본성 일체가
오직 마음으로 이루어졌음을 보라.

우리의 마음이 모든 것을 만들어낸다는 내용을 함축해 놓은 이 화엄경 사구게, 특히 '일체유심조'는 불자들은 물론이고 일반인들도 잘 알고 있을 정도로 유명한 말입니다. 이와 관련된 원효 대사의 일화를 볼까요?

원효 대사(元曉, 617~686)가 의상 대사(義湘, 625년~702년)와 함께 당나라로 유학을 가던 길이었습니다. 신라 경주에서 길을 떠나 당나라로 향하는 도중에 날이 저물었습니다. 할 수 없이 산골의 토굴에서 하루 밤을 보내게 되었는데, 원효 대사가 잠을 자다가 목이 말라서 깨어나 물을 찾으니 마침 바가지에 물이 담겨 있는 것을 보고 벌컥벌컥 마셨습니다.

달디 단 물로 갈증을 풀고 다시 잠이 들었는데, 이튿날 아침에 일어나보니 토굴은 온데간데없고, 무덤 안에 해골바가지만 덩그러니 놓여 있는 것입니다. 해골바가지에 고인 물을 먹었다는 생각을 하자마자 원효 대사는 비위가 상해 전날 먹은 음식물까지 다 토해 냈습니다. 그렇게 뱃속을 뒤집어 놓을 듯 구토를 하고 해골 물을 마셨다는 데 대해 고통스러워하다가 번쩍 깨달음을 얻었습니다.

'물은 똑같은 물이건만 어제 밤에는 갈증을 해소시켜 주었는데, 오늘은 고통의 원인이 되었구나. 깨끗하다고 생각하면 깨끗한 것이요, 더럽다고 생각하면 더러운 것이로구나, 오직 마음의 분별이 문제로구나.'

원효 스님은 이 일을 계기로 "마음이 일어나는 까닭에 여러 가지 법이 생기고 마음이 사라지면 토굴과 무덤이 다르지 않네. 삼계가 오직 마음에 달려 있고, 모든 현상이 또한 식에 기초한다. 마음 밖에 아무것도 없는데 무엇을 따로 구하랴(心生則種種法生 心滅則龕墳不二 三界唯心 萬法唯識 心外無法 胡用別求)!"라는 게송을 남겼습니다. 이렇듯 일체유심조를 깨달은 원효 대사는 더 이상 구할 것이 없다는 생각에 당나라 유학을 그만두고 다시 신라 서울 경주로 돌아와 저자거리에서 무애가를 부르며 백성들을 위해 불법을 널리 펼쳤습니다.

원효 스님의 일화에서도 엿볼 수 있듯 모든 것은 마음이 만드는 것입니다. 중생을 만들어내는 것도 마음이요, 부처를 만드는 것도 마음입니다. 당연히 행복과 불행을 만드는 것도 마음입니다. 화엄경에서 부처님께서는 "마음은 솜씨 좋은 화가와 같아 세상의 모든 것을 그린다"고 말씀하셨습니다. 우주의 온갖 존재는 마음이 만든다는 것을 강조한 말씀이지요. 또한 마음과 부처와 중생, 이 셋은 차별이 없다고도 했습니다. 이 말 또한 마음이 행복도 만들고 불행도 만든다는 말과 같은 것입니다.

화를 내서 원수를 만들고, 웃으면서 은인을 만드는 것도 다 마음의 작용입니다. 그래서 불교에서는 용심(用心)을 잘해야 한다고 합니다. 마음을 잘 다스리고 잘 쓰면 중생이 바로 부처가 된다는 말입니다. 우리가 중생으로 살고 있는 것은 마음을 잘 못 쓴 탓입니다. 마음을 잘 쓰면, 부처님의 마음으로 부처님과 같은 행동을 하면 중생이 바로 그 자리에서 부처가 됩니다. 마음을 잘 다스리고 잘 쓰는 것이 부처 되는 길이요, 행복의 비결이라는 것을 가슴에 새기십시오. 또한 이 책 『손으로 쓰고 마음으로 그리는 관음기도』를 읽고 사경하고 그리면 바로 지금 이 자리에서 중생이 부처가 되는 기적이 일어날 것입니다.

기도, 마음을 바꾸는 수행법

불교는 수행의 종교입니다. 일찍이 천재물리학자인 알버트 아인슈타인이 "우리 인류의 미래는 수행의 종교인 불교에 희망이 있다"고 역설한 바에서도 알 수 있듯 전 세계의 수많은 종교 중에서 수행을 가장 강조하는 종교가 바로 불교입니다. 그런데 수행은 스스로 힘쓰는 자력적(自力的)인 것이고, 기도는 불보살의 가피를 입는 타력적(他力的)인 것이라고 생각하시는 분들이 많을 것입니다. 사실 그런 면이 없지는 않습니다. 기도는 이웃종교, 심지어 저 머나먼 아프리카의 원주민들도 토속신이나 해님, 달님에게 기도를 합니다.

하지만 불교의 기도는 차원이 조금 다릅니다. 불교의 기도는 깨달음의 수행법으로 누구나 쉽게 배우고 따라할 수 있는 친숙한 수행법이기도 합니다. 특히 초심자들은 수행의 입문단계에서 기도를 하면 수행의 기틀이 잡힙니다. 처음에 기틀을 올바로 세우면 깨달음의 문으로 들어가기가 훨씬 수월합니다. 업장을 녹이고 신심을 북돋을 수 있는 기도로 수행의 기틀을 올바로 잡으면 마음이 바뀌고, 마음이 바뀌면 운명이 바뀌고, 마침내 깨달음의 문에 들 수 있습니다.

"어떻게 기도해야 하는가?"

불보살의 이름을 끊임없이 부르는 방법도 있고, 진언을 쉴 새 없이 외우는 방법도 있습니다. 절을 하면서 큰 소리로 고성염불을 할 수도 있고, 바르게 앉아서 천수다라니를 외워도 됩니다. 길을 가면서, 설거지를 하면서, 청소를 하면서 마음속으로 염불을 해도 됩니다.

그런데 어떤 기도를 하든지 꼭 명심해야 할 점이 있습니다. 바른 마음가짐입니다. 스스로 마음을 순수하게 하고, 자기 자신을 비운 다음에 기도해야 합니다. 물이 가득 차 있는 찻잔에 또 다른 물을 넣으면 흘러넘치는 것처럼 욕심이 가득한 마음에는 불보살의 위신력이 들어갈 수가 없습니다. 자신을 다 비우고, 욕심을 비우고 순수하게 기도할 때 더 큰 가피를 입게 됩니다. 올바른 기도는 불보살님께 무엇인가 해달라고 소원을 비는 게 아니라 발원하는 것이고, 다짐하며 실천하겠다는 맹세입니다. 기도 말미에 다음과 같은 내용을 덧붙이시면 아주 좋습니다.

"고맙습니다. OOO한 일을 하기 위해 노력할 수 있는 힘을 주셔서 감사합니다. 꼭 성취할 수 있도록 최선을 다하겠습니다. 감사합니다. 감사합니다. 감사합니다."

기도는 바깥에 있는 누군가가 대신 이루어주는 것이 아니라 자신 안에서 믿음과 실천으로 이뤄지기 때문입니다. 앞에서도 말씀드렸지만, 기도는 마음을 바꾸는 수행입니다. 대개 현실에서 부딪친 난관을 타개하기 위해 기도하는 경우가 많은데, 어려운 일을 극복하기 위해서는 부지런히 정근해야 합니다. 그래서 불교의 기도는 정근이 제일입니다. 게으른 마음을 바꾸고, 하기 싫어하는 마음을 바꾸어서 날마다 하루도 빠짐없이 기도 수행을 해야 합니다. 또한 인색한 마음을 버리고 배려하고 베푸는 마음을 실천해야 합니다. 교만한 마음을 버리고 겸손한 마음으로 모든 사람들에게 감사하며 은혜를 갚는 생활을 해야 합니다.

기도를 하다 보면 세상만사 감사한 일뿐입니다. 우리가 괴로운 것은 나와 남을 둘로 두부 자르듯 나누어 놓고, 남이 나를 괴롭힌다 하고, 소홀히 대한다고 불평하고 원망하기 때문입니다. 하지만 기도를 하면 스스로 알게 됩니다. 우리의 삶이 수많은 사람들의 고맙고도 은혜로운 인연으로 이루어지고 있다는 것을 깨닫게 됩니다.

인연법을 알게 되면 곧 감사한 마음이 되고, 주위사람들은 물론이고 자연만물의 은혜를 생각하면서 나를 위한 기도가 아니라 남을 위한 기도, 세상을 위한 기도가 됩니다. 그리고 마침내 나와 남이 둘이 아닌 궁극의 경지를 깨닫게 되고, 우리 모두가 불국토를 건설하는 보살행자임을 알게 됩니다.

『손으로 쓰고 마음으로 그리는 관음기도』, 독경(讀經)과 사경(寫經)·사불(寫佛)을 함께할 수 있는 이 책으로 기도하다 보면 마음이 밝아지고, 하는 일마다 보살행이 되어 스스로 이 땅을 불국토로 만들어가는 삶, 최고의 인생이 될 것입니다.

기도·발원, 소원 성취의 비결

인간은 누구나 성공할 수 있습니다. 우주의 모든 신들이 존경하는 진리 자체인 부처도 될 수 있는데, 어찌 삶에서 성공할 수 없겠습니까? 그런데 세상에는 성공하는 사람도 있고 실패하는 사람도 있습니다.

성공과 실패의 원인이 무엇일까요?

먼저 성공하겠다는 의지가 있어야 합니다. 실패하는 사람들을 보면 의지도 없고, 도전조차 하지 않습니다. 인간은 누구나 자신의 마음속에 뜻을 새겨 12년, 24년, 혹은 36년을 쥐고 꾸준히 노력하면 못 이룰 일이 없습니다. 하늘은 12년에 한 번씩 일주합니다. 일생에 세 번은 기회가 온다는 말도 바로 이러한 이치입니다.

그런데 부처님의 제자인 불자들은 더욱 간단하고 확실한 성공의 비결을 갖고 있습니다. 기도하고 발원하는 것입니다. 기도·발원은 새의 양 날개처럼 항상 함께해야 합니다. 기도하지 않고 발원하지 않는 사람은 인생의 작은 성공은 물론이고, 불법과 가까워지는 것조차 요원합니다. 목표를 갖지 않은 사람은 곧 꿈이 없는 사람이요, 꿈이 없으면 길도 없습니다. 자기 앞에 길이 있어도 그 길을 가야 할지 말아야 할지 판단하지 못해 갈팡질팡합니다. 목표가 생길 때, 즉 발원할 때 비로소 길이 열리고, 열심히 노력할 때 즉 간절하게 기도할 때 성취할 수 있는 것입니다.

기도와 발원이 우리들 일상의 삶이 되어야 합니다. 기도와 발원은 온전하고 성공적인 삶을 위해, 더 나아가 우리가 불성존재임을 깨달아 부처가 되는 데 절대적으로 필요한 수행 덕목입니다. 다른 분도 아니고 부처님과 부처님의 가르침과 부처님을 따르는 승가대중에게 발원하고 기도하는 것이니 그 자체로 의미가 있고, 그 어느 것보다 쉽고 간결하면서도 강력한 성공 비결입니다.

인류 역사에 현존하셨던 석가모니 부처님을 비롯해서 아미타불, 약사여래불, 관세음보살도 기도·발원하였고, 우리 불교사에 큰 족적을 남기신 원효 대사, 의상 대사께서도 기도·발원하면서 물러남이 없는 정진을 하시어 마침내 깨달음을 이루셨습니다. 보석처럼 빛나는 그분들의 기도·발원이 지금까지 전해지면서 우리들을 깨달음으로 이끌어 주고 있습니다.

우리는 기도·발원을 통해 부귀영화라는 세속적인 성공에서 더 나아가 마침내 궁극의 경지인 깨달음에 이르러야 합니다. 여기에서 오해를 하면 안 됩니다. 불교가 우리의 삶과 동떨어진 것이라고 오해하는 분들이 있는데, 진리와 현실의 삶이 하나가 되어야 합니다. 우리의 하루하루가 부처님이 일깨워주신 기도·발원의 삶이 되어야 한다는 말입니다. 그렇게 할 때 우리의 삶은 윤택해지고 행복해지고 자유로워집니다. 하루하루 행하는 우리의 말과 행동이 우리의 삶을 만든다는 사실을 가슴에 새긴다면 저절로 기도·발원하는 삶이 될 것입니다. 끝으로 의상조사 백화도량 발원문을 소개하면서 기도·발원이 곧 삶이 되시길 기원하고 또 기원 드립니다.

의상 조사 백화도량 발원문

머리를 조아려 귀의하나이다.
본사 관음 대성의 대원경지를 관찰하옵고
또 제자의 성정 본각에 계신 본사께서
수월로 장엄하신 무진 상호를 관찰하옵고
또한 제자의 공화 같은
유루 형태의 의보(依報)와 정보(正報)를 관찰하오니
밝고 더럽고 괴롭고 즐거운 차이가 있나이다.

이제 관음보살의 대원경지 가운데 있는
제자의 몸으로 귀명정례하오니
제자의 거울 가운데 계신 관음 대성이 소리를 발하사
가피를 입혀 주소서.

바라옵건대
제자는 세세생생에 관세음을 일컬어 본사로 삼되
보살이 아미타여래를 이마에 이고 계신 것같이
제자 또한 관음 대성을 이마 위에 정대하고,
십원육향(十願六向)과 천수천안(千手千眼)과
대자대비(大慈大悲)를 모두 균등하게 지니며
이 세상과 저 세상에서

몸을 버리거나 몸을 받는 곳마다
그림자가 형상을 따르는 것같이
항상 보살의 설법을 듣고
참된 법을 널리 퍼뜨리며
법계 안의 모든 중생이 다 함께
대비주를 외우고 보살의 명호를 염하여
다 같이 원통삼매(圓通三昧)의 성품바다에 들어지이다.

또 바라옵건대
제자의 이 몸이 다할 때
대성께서 광명을 놓으셔서
모든 두려움을 떠나 마음이 편안하게 해 주시고
잠깐 사이에 백화도량에 화생하여
여러 보살들과 함께 바른 법을 듣게 하소서.
법류수(法流水)에 젖어들어 찰나찰나 사이에
심성이 더욱 밝아져서
여래의 무생법인(無生法忍)을 깨달아지이다.
지극한 마음으로
관음대성께 귀명 정례하나이다.

나무 석가모니불 나무 석가모니불
나무 시아본사 석가모니불.

의상 조사 백화도량 발원문

머리를 조아려 귀의하나이다.
본사 관음 대성의 대원경지를 관찰하옵고
또 제자의 성정 본각에 계신 본사께서
수월로 장엄하신 무진 상호를 관찰하옵고
또한 제자의 공화 같은
유루 형태의 의보(依報)와 정보(正報)를 관찰하오니
밝고 더럽고 괴롭고 즐거운 차이가 있나이다.

이제 관음보살의 대원경지 가운데 있는
제자의 몸으로 귀명정례하오니
제자의 거울 가운데 계신 관음 대성이 소리를 발하사
가피를 입혀 주소서.

바라옵건대
제자는 세세생생에 관세음을 일컬어 본사로 삼되
보살이 아미타여래를 이마에 이고 계신 것같이
제자 또한 관음 대성을 이마 위에 정대하고,
십원육향(十願六向)과 천수천안(千手千眼)과
대자대비(大慈大悲)를 모두 균등하게 지니며
이 세상과 저 세상에서

몸을 버리거나 몸을 받는 곳마다
그림자가 형상을 따르는 것같이
항상 보살의 설법을 듣고
참된 법을 널리 퍼뜨리며
법계 안의 모든 중생이 다 함께
대비주를 외우고 보살의 명호를 염하여
다 같이 원통삼매(圓通三昧)의 성품바다에 들어지이다.

또 바라옵건대
제자의 이 몸이 다할 때
대성께서 광명을 놓으셔서
모든 두려움을 떠나 마음이 편안하게 해 주시고
잠깐 사이에 백화도량에 화생하여
여러 보살들과 함께 바른 법을 듣게 하소서.
법류수(法流水)에 젖어들어 찰나찰나 사이에
심성이 더욱 밝아져서
여래의 무생법인(無生法忍)을 깨달아지이다.
지극한 마음으로
관음대성께 귀명 정례하나이다.

나무 석가모니불 나무 석가모니불
나무 시아본사 석가모니불.

● 마음으로 그리기 3

서로 의지하면 두려울 게 없단다

온 정성 다해 마음으로 그려 보세요

● 손으로 쓰고 마음으로 그리는 관음기도 발원문

우리 곁의 모든 이들이 관세음보살이라는 가르침을 잊지 않으오리다

어루만져야 할 중생이 얼마나 많았으면
관세음보살님의 손이 천 개나 되었을까?
지켜봐야 할 중생이 얼마나 많았으면
관세음보살님의 눈이 천 개나 되었을까?

관세음보살님,
관세음보살님께 지극한 마음 바쳐 귀의하오니
마음 깊은 곳에서 우러나오는 소리 들어주소서.
천 개의 손과 천 개의 눈으로 우리를 살펴주시는 천수천안관세음보살님,
우리의 온갖 고통 다 없애주고, 모든 소원 다 들어주시는 관세음보살님,

고통에서 벗어나 진정한 행복을 열어주고,

마침내 궁극의 경지를 일러주시는

관세음보살님의 대자대비에 지심 귀의하옵니다.

험난한 세상살이 살아가면서 원하는 바 있을 때마다

'관세음보살님'의 이름을 간절하게 부르옵니다.

'관세음보살님, 관세음보살님, 관세음보살님,

이 내 소원을 다 들어주시고 성취시켜 주소서.'

그때마다 관세음보살님, 우리의 기도에 응답해 주소서.

대자대비 베풀어주시어 우리의 소원을 이뤄주시고,

고통에서 건져 주소서.

하지만 관세음보살님의 자비구원은 방편이라는 것을 알고 있습니다.

관세음보살님께서는 이미 우리가 본래 관세음이며

본래 부처임을 일깨워주시니

그 은혜 어찌 한 순간인들 잊을 수 있겠습니까?

부르는 이의 바람대로, 중생들의 병에 적절하게, 근기에 맞게,

언제 어디서든 모습을 달리해서 구원해 주시는

관세음보살님께 중생 구제의 원력을 배웠습니다.

신라의 경흥 국사가 중병에 걸렸을 때

"그 병은 근심으로 인한 것이니 즐겁게 웃으면 나으리라."

고 하면서 한 비구니스님이 11가지 모습으로 변하면서

덩실덩실 춤을 추었습니다.

비구니스님이 춤을 추자 경흥 국사는 그 모습이 너무나 재미있고
우스워서 턱이 떨어져 나갈 정도로 웃음보를 터뜨렸고,
그 덕분에 국사의 병이 거짓말처럼 나았습니다.
이 비구니스님이 바로 11면관세음보살의 화신입니다.
그와 같이 우리 곁의 모든 이들이 관세음보살이라는 가르침을
어찌 잊을 수 있겠습니까?
이제 관세음보살의 가르침을 배우고 실천해서
이 세상을 맑고 밝은 불국토로 일구는 데 신명을 바치겠습니다.
나의 마음과 부처님과 관세음보살의 대자대비한 원력이 만나
이루기 힘든 뜻을 기적처럼 이루고,
진정으로 행복해진다는 것을 알았습니다.
이 책 『손으로 쓰고 마음으로 그리는 관음기도』를 스스로 수행하고
널리 전하여 이 무한한 행복의 법칙을 전하겠습니다.
관세음보살께 받은 밝은 에너지로
힘들어하고 외로워하고 슬퍼하는 이들의
진정한 벗이 되어 바로 지금 이 자리에서
날마다 좋은 날, 행복한 날을 열어가겠습니다.

• 손으로 쓰는 관음기도 3 •

"선남자야, 만일 한량없는 백 천 만 억 중생이 여러 가지 고뇌를 받을 때에 이 관세음보살의 이름을 듣고 일심으로 그 이름을 부르면 관세음보살이 곧 그 음성을 듣고 모두 해탈케 하느니라."

– 묘법연화경 관세음보살보문품

"선남자야, 만일 한량없는 백 천 만 억 중생이 여러 가지 고뇌를 받을 때에 이 관세음보살의 이름을 듣고 일심으로 그 이름을 부르면 관세음보살이 곧 그 음성을 듣고 모두 해탈케 하느니라."

– 묘법연화경 관세음보살보문품

"선남자야, 만일 한량없는 백 천 만 억 중생이 여러 가지 고뇌를 받을 때에 이 관세음보살의 이름을 듣고 일심으로 그 이름을 부르면 관세음보살이 곧 그 음성을 듣고 모두 해탈케 하느니라."

– 묘법연화경 관세음보살보문품

● 마음으로 그리기 4

관세음보살님, 제가 어디를 가든 지켜주실 거죠?

온 정성 다해 마음으로 그려 보세요

● 관세음보살은 누구신가?

빛처럼 빠르게 듣고
구원해 주시는 관세음보살

　대승불교에는 관세음보살, 대세지보살, 지장보살, 문수보살, 보현보살 등 등 불보살이 아주 많습니다. 그분들 중에서도 관세음보살은 석가모니 부처님이 대열반에 드신 이후 미래불인 미륵부처가 출현하실 때까지 중생들을 고통으로부터 구원해 주는 분입니다. 우리나라 불자들이 가장 좋아하고 의지하는, 우리에게 가장 친근한 분이 바로 관세음보살입니다. 우리 할머니, 어머니, 주위사람들, 그리고 대중매체를 통해서도 잘 알 수 있을 것입니다. 힘들고 고통스러운 일에 직면했을 때 사람들은 관세음보살을 부르고, 돌부리에 걸려 넘어질 때도, 탄식이 나올 정도로 답답할 때도 관세음보살을 부르는 것을 많이 보셨을 것입니다. 저도 그렇습니다.

이토록 우리들의 가슴에 깊이 자리 잡고 계신 관세음보살에 대해 더 자세히 알아볼까요?

"관세음보살은 어떤 분이신가?"라는 질문에 자신 있게 대답할 수 있으시다면 정말 대단한 것입니다.

'아는 만큼 보인다'는 말처럼 뭐든 알아야 잘 보입니다. 또한 바르게 알아야 믿음이 더욱 굳건해지고, 기도 성취도 빠르고 큰 법입니다. 『손으로 쓰고 마음으로 그리는 관음기도』를 제대로 하기 위해서 먼저 관세음보살에 대해 알아봅시다.

우리 소원을 자유자재로 성취시켜 주시는 관세음보살

> "선남자야, 만일 한량없는 백 천 만 억 중생이 여러 가지 고뇌를 받을 때에 이 관세음보살의 이름을 듣고 일심으로 그 이름을 부르면 관세음보살이 곧 그 음성을 듣고 모두 해탈케 하느니라."
>
> — 묘법연화경 관세음보살보문품

위 경전 말씀에서도 알 수 있듯이 우리가 괴로움에 직면했을 때, 관세음보살 명호를 지극한 마음으로 부르면 우리들의 음성을 남김없이 들으시고 모두 고뇌에서 벗어날 수 있도록 구원해 주시는 분입니다. 한량없는 지혜와 자비, 그리고 수많은 방편을 가지고 언제 어디서나 우리 중생들을 구제해 주시는 대자비의 화신(化身)이 바로 관세음보살이십니다.

관세음보살님은 우리의 괴로움을 치유해 주고 소원을 성취시켜 주시기 위해 늘 주파수를 우리에게 맞추고 계십니다. 그래서 우리는 힘들 때마다 자식이 어머니에게 매달리듯 "관세음보살님, 도와주세요. 제 소원을 들어주세요."라고 하며 기도하는 것입니다. 관세음보살님에 대한 믿음이 크고 간절할수록 성취도 빠릅니다.

관세음보살은 산스크리트어로 아발로키테스바라(Avalokiteśvara)입니다. 우리에게 매우 친근한 『천수경』의 원래 제목인 『천수천안관자재보살광대원만무애대비심다라니경(千手千眼觀自在菩薩廣大圓滿無礙大悲心陀羅尼經)』에 나오는 천수천안관자재보살(千手千眼觀自在菩薩), 『반야심경』에 등장하는 관자재보살이 바로 관세음보살입니다. 자유자재로 중생을 구제하는 보살이라 해서 관자재보살이라고 하는 것입니다. 또한 빛처럼 빠르게 세상의 소리를 듣는다 하여 광세음보살(光世音菩薩), 세상의 소리를 듣고 자유자재로 구원해 준다 해서 관세음자재보살(觀世音自在菩薩), 관세자재보살(觀世自在菩薩) 등으로 한역(漢譯)되었습니다. 흔히 줄여서 관음·관세음보살이라고 불립니다.

관세음보살 앞에는 보통 대자대비, 구고구난, 천수천안이라는 수식어가 붙습니다. 괴롭고 어려운 일이 닥쳤을 때 관세음보살의 명호를 부르면서 구원을 청하면, 대자대비한 관세음보살께서 고통 받는 중생의 모습을 천 개의 눈으로 보시고, 천 개의 손으로 다 구원해 주시기 때문에 그렇게 표현하는 것입니다.

또한 관세음보살은 이근원통(耳根圓通)의 보살이라고도 합니다. 소리를 관(觀)해서 깨달음을 이루셨고 중생의 온갖 소리를 다 듣고 두루 통하지 않은 데 없이 다 구제해 주신다고 해서 보통 원통교주(圓通敎主)라고 합니다. 또한 어머니가 우는 아이의 소리를 듣고 문제를 해결해 주듯이 우리의 소리를 듣고 고통에서 벗어나게 해 준다고 해서 '어머니 관세음보살'이라고 하기도 합니다.

또한 "그대들은 응당 한마음으로 관세음보살에게 공양해야 한다. 이 관세음보살은 두렵고 긴급한 어려움에 처한 중생에게 일체 두려움을 없애는 은혜를 베푸시기 때문이다. 그러므로 이 사바세계에서는 관세음보살을 '두려움을 없애 주시는 은혜로운 분[施無畏者]'이라고 부르는 것이다."라는 관음경의 내용에서도 알 수 있듯 두려움이 없게 베풀어 주신다 하여 관세음보살을 시무외자(施無畏者)라고도 합니다.

관세음보살의 슬프고도 아름다운 전생 이야기

대승불교의 불보살은 전생에 큰 원력을 가지고 우리 중생들을 구원하기 위해 오신 분들입니다. 우리들의 소원에 응해서 오셨다 해서 응신(應身)이라 하기도 하고, 중생을 구제하기 위해 여러 가지 모습으로 변화하여 나투셨다 해서 화신(化身)이라고 하는데, 석가모니 부처님처럼 관세음보살도 응신이자 화신입니다. 관음본연경(觀音本緣經)에 관세음보살의 전생 이야기가 담겨 있는데, 그 내용이 참으로 슬프고도 아름답습니다.

옛날 옛적에 남인도의 마열바질이라는 나라에 장나(長那)라는 장자가 있었습니다. 그는 마나사라는 아름다운 아내와 행복하게 잘 살았는데, 늦도록 슬하에 자식이 없어서 속을 끓였습니다. 천신에게 아들을 낳게 해 달라고 간절히 빌었습니다. 기도의 감응으로 마나사라 부인은 곧 잉태해서 용모가 빼어난 아들을 하나 낳고, 그 후 삼 년 만에 아들을 하나 더 낳았습니다. 세상천지를 다 얻은 듯한 기쁨에 장자는 관상가를 불러 두 아들의 미래를 봐달라고 부탁했습니다.

"아이들 둘 다 용모도 단정하고 매우 훌륭합니다. 그러나 부모와의 인연이 박해 어릴 적에 부모 곁을 떠나게 될 운명입니다."

장자는 그 말을 듣고 매우 슬퍼하며 더욱 더 자식들을 사랑하고 살뜰히 보살펴 주었습니다. 또한 일찍 부모 곁을 떠난다는 말에 형에게는 조리(早離), 동생에게는 속리(速離)라는 이름을 지어 주었습니다.

몇 년 후 형인 조리가 여덟 살, 동생인 속리가 다섯 살 되던 해 8월에 마나사라 부인이 몹쓸 병에 걸렸습니다. 온갖 약을 다 썼으나 아무 소용이 없었습니다. 부인의 병은 점점 더 깊어져서 결국 임종을 맞이하게 되었습니다. 부인은 두 아들에게 "아버지에게 효도하고 훌륭한 사람이 되라"는 말을 남기고 세상을 떠났습니다.

그 후 세월이 흘러 홀로 아들 둘을 키우는 장자를 안쓰러워하며 주위사람들이 권하여 인근에 사는 비라장자(比羅長者)의 딸을 새 아내로 맞이하게 되었습니다. 마치 마나사라 부인이 환생한 듯 계모의 용모가 친어머니와 많이 닮아서 아이들은 그녀를 잘 따랐습니다. 계모도 아이들이 착하고 잘 따르니 무난하게 아이들과 집안을 잘 돌보았습니다.

그러던 어느 해 극심한 가뭄이 들어 들판의 곡식이 모두 말라죽고 마침내 양식이 떨어져서 온 동네 사람들이 굶어죽게 되었습니다. 장자는 아들과 새 아내를 집에 둔 채 배를 타고 먼 나라로 곡식을 구하러 갔습니다.

이때 계모는 갑자기 불길한 생각이 들었습니다.

'만일 장자가 돌아오지 않는다면 저 아이들을 어떻게 키울 수 있을까? 설령 돈을 많이 벌어서 돌아온다 해도 내가 낳은 자식은 서자라고 홀대받고 저 아이들에게만 상속해줄 것이니 저 애들을 죽이는 게 낫겠다.'는 나쁜 생각을 하게 되었습니다.

마침내 "애들아! 배를 타고 저 남쪽으로 가면 큰 섬 하나가 있단다. 그 섬에는 멋진 화초도 많고 맛있는 과실도 많으니 함께 소풍을 가자."라고 두 아이를 꾀어서 외딴 섬에 유기해 버렸습니다.

계모의 꾐에 빠져 바다 건너 저 멀리 대륙과 아득히 떨어진 고도절처 무인도에 버려진 어린 형제는 추위와 굶주림에 서로 부둥켜안고 울고 또 울다가 기진맥진하여 쓰러졌습니다.

이때 형 조리가 열 손가락을 돌로 쳐서 흐르는 피로 옷감에 한 자 한 자 대비원(大悲願)을 적었습니다.

"우리 형제가 죽으면 부모 없는 설움으로 슬픔에 젖은 사람에게는 대성자부가 되고, 외로운 사람에게는 친절한 벗이 되고, 사랑하는 형제가 되게 해 주소서. 헐벗은 사람에게는 옷이 되고, 굶주리는 사람에게는 밥이 되며, 온갖 병으로 고통 받는 중생들에게는 명의가 되고 양약이 되어 고쳐주고, 영원한 해탈의 길을 알려주신 부처님을 만나지 못하는 중생에게는 부처의 몸을 나투어 구제하겠습니다."

발고여락(拔苦與樂), 중생들의 고통을 뽑아주고, 외로움을 달래어 주고 기쁨을 주겠노라 발원한 것입니다. 조리는 아우 속리와 함께 서른두 가지 발원을 다 쓰고 나서 부둥켜안고 생을 마감했습니다.

조리와 속리가 외롭고 쓸쓸히 죽은 무인도의 이름이 보타락가이며 형 조리는 관세음보살이 되고 동생 속리는 대세지보살이 되었습니다. 이와 같이 과거 전생에 발원했던 것처럼 관세음보살과 대세지보살은 고통 받는 중생들의 소리를 듣고 32가지 변화신을 나타내어 구원해 주고 그 어떠한 조건도 없이 중생들을 깨달음의 세계로 이끌어 주고 있는 것입니다.

32·33가지 변화신을 나타내어 구원해 주시는 관세음보살

관세음보살은 관음경을 비롯해서 천수경, 반야심경, 화엄경, 법화경, 능엄경 등 여러 경전에 등장합니다. 각 경전이 한결같이 강조하고 있는 것은 관세음보살의 중생 구제 원력입니다.

관세음보살은 일체 중생을 다 받아들여 온갖 공포에서 벗어나게 해 주고, 32가지의 몸으로 변하여 중생을 구제해 주신다고 했습니다. 만일 중생이 부처님 몸으로 응하여 득도할 자에게는 곧 부처님 몸을 나타내어 법을 설하고, 벽지불로 응하여 득도할 자에게는 벽지불을 나타내어 중생을 득도시킨다고 했습니다.

경전에 의하면, 관세음보살은 32응신[應身: 1. 불(佛), 2. 독각, 3. 연각, 4. 성문, 5. 범왕, 6. 제석천, 7. 자재천, 8. 대자재천, 9. 천대장군(天大將軍), 10. 사천왕, 11. 사천왕태자, 12. 인왕(人王), 13. 장자(長者), 14. 거사(居士), 15. 재관(宰官), 16. 바라문, 17. 비구, 18. 비구니, 19. 우바새, 20. 우바이, 21. 여주·국부인·명부·대가(女主國夫人命婦大家), 22. 동남, 23. 동녀, 24. 천(天), 25. 용, 26. 야차, 27. 건달바, 28. 아수라, 29. 긴나라, 30. 마후라가, 31. 인(人), 32. 비인(非人)], 즉 서른두 가지 모습으로 오셔서 우리들을 고통에서 벗어나 행복으로 이끌어 주신다고 하셨습니다.

능엄경에서는 위와 같이 32응신으로 나타나시고, 법화경에서는 33응신으로 나타나신다고 했습니다. 다시 말해 관세음보살님은 시간과 장소에 구애받지 않고 중생이 원하는 다양한 모습으로 오신다는 것입니다. 이 세상에 관음의 응신이 아닌 분이 없다는 말씀입니다. 실제로 관세음보살이 언제 어떤 모습으로 우리에게 오실지 모릅니다. 혹 부모님이나 시부모님, 장인 장모, 남편이나 아내, 자식, 혹은 선생님, 이웃들, 지나가는 사람, 마트의 종업원으로 변화해서 오실 수도 있습니다. 인연 닿는 모든 사람들을 관세음보살로 생각하고 대한다면 그 복이 한량없을 것입니다.

> "만일 중생이 관세음보살을 공경하고 예배하면 복이 헛됨이 없으리니, 그러므로 중생은 다 마땅히 관세음보살의 명호를 받아 지니라."
>
> — 관음경

위와 같은 경전 말씀을 가슴에 새기고 실천하십시오. 언제 어느 때나 우리가 대하는 모든 사람들을 관세음보살처럼 공경하고 예배해야 한다는 것이 이 경의 핵심 가르침입니다.

이렇듯 관세음보살에 대해 제대로 알고 기도하면 그 원력이 더욱 크고 분명해질 것입니다. 기도를 하기 전에 먼저 공부를 해야 제대로 기도할 수 있고 교리적인 바탕 위에 깊은 믿음을 가지고 지극하고 간절하게 기도해야 성취도 빠른 법입니다.

관세음보살은 선재동자에게 어떤 가르침을 주셨을까?

중생의 소원에 따라 32응신, 33응신으로 나투신다는 관세음보살(觀世音菩薩)은 각 나라마다 또 시대에 따라 그 모습도 조금씩 다르게 나투십니다. 우리나라만 해도 고려불화의 백미인 수월관음도의 관세음보살은 화엄경의 영향을 받고, 조선시대에 유행한 관세음보살은 법화경의 영향을 받은 모습이 역력합니다.

화엄경 입법계품은 '법계(法界)에 들어가는 품'이라는 제목처럼 선재동자라는 구체적인 인물이 53분의 선지식을 찾아 가르침을 구하면서 깨달음의 세계로 들어가는 내용이 차례로 서술되어 있습니다. 맨 처음 문수보살을 친견하고 가르침을 구한 선재동자는 치열한 구도 열정으로 선지식들을 찾아뵙고, 마침내 스물여덟 번째로 관세음보살을 친견합니다. 선재동자에게 관세음보살을 안내해 준 선지식(선재동자가 27번째 찾아간 분)의 말씀과 선재동자의 질문에서 관세음보살을 친견하러 간 까닭을 알 수 있습니다.

선재동자는 "관세음이시여, 어떻게 하면 보살행을 배울 수가 있으며, 보살도를 닦을 수 있습니까? 바라옵건대 가르쳐 주소서."라고 간절히 청합니다. 이 질문에서도 분명히 알 수 있듯이 선재동자는 보살행을 배우고 보살도를 닦기 위한 방법을 알고 싶어서 관세음보살을 친견하러 간 것입니다.

보살행, 보살도가 무엇입니까? 석가모니부처님께서도 수없이 많은 생 동안 보살행을 실천해서 성불하셨습니다. 보살행은 바로 자리이타행(自利利他行)이요, 상구보리하화중생행이요, 6바라밀행입니다. 자기도 이롭게 하고 다른 생명도 이롭게 하는 것, 위로는 깨달음을 구하고 동시에 중생을 구하는 것, 보시·지계·인욕·정진·선정·지혜를 실천함으로써 마침내 부처님이 되는 길입니다. 간절하게 보살행에 대해 질문하는 선재동자에게 관세음보살님께서는 다음과 같이 대답해 주셨습니다.

"착하다. 선남자여, 그대는 이미 위없는 보리심을 내었구나. 나는 보살의 대비행(大悲行) 해탈문을 성취하였다. 나는 끊임없이 이 대비행의 문으로 모든 중생을 평등하게 인도한다.

나는 대비행의 문에 머물러 항상 모든 여래의 처소에 있으며, 모든 중생의 앞에 두루 나타난다. 보시로써 중생을 거두어 주기도 하고, 사랑스런 말과 이롭게 하는 행으로 중생을 거두어 주기도 한다.

또 육신을 나타내어 중생을 거두어 주기도 하고, 온갖 불가사의한 빛과 맑은 광명을 나타내어 중생을 거두어 주기도 하며, 음성과 위의와 설법으로 거두어 주기도 하며, 신통변화를 나타내기도 하며, 그 마음을 깨닫게 하여 성숙시키기도 하며, 중생과 같은 형상으로 변화하여 함께 있으면서 성숙시켜 주기도 한다.

선남자여, 나는 이 대비행문을 수행하여 항상 모든 중생을 구호하려고 한다. 모든 중생이 험난한 길의 두려움에서 벗어나기를 원하며, 번뇌의 두려움에서 벗어나고, 미혹의 두려움에서 벗어나고, 속박의 두려움에서 벗어나고, 살해의 두려움에서 벗어나고, 가난의 두려움에서 벗어나기를 원한다.

또 생활하기 어려운 두려움에서 벗어나고, 악명의 두려움에서 벗어나고, 죽음의 두려움에서 벗어나고, 대중의 두려움에서 벗어나고, 나쁜 길의 두려움에서 벗어나고, 암흑의 두려움에서 벗어나기를 원한다.

또 옮겨 다니는 두려움에서 벗어나고, 사랑하는 이와 헤어지는 두려움에서 벗어나고, 원수를 만나는 두려움에서 벗어나고, 몸을 핍박하는 두려움에서 벗어나고, 마음을 핍박하는 두려움에서 벗어나고, 걱정과 슬픔의 두려움에서 벗어나기를 원한다. 또 중생들이 나를 생각하거나 내 이름을 부르거나 내 모습을 보게 되면, 다 모든 두려움에서 벗어나기를 원한다.

선남자여, 나는 이와 같은 방편으로 중생들을 두려움에서 벗어나게 하고, 다시 가르쳐서 위없는 보리심을 발하고 영원히 물러나지 않게 한다.

나는 다만 보살의 대비행문을 얻었을 뿐이다. 그러나 저 보살마하살들은 보현의 모든 원을 맑게 하고 보현의 모든 행에 머물러 있으면서, 온갖 착한 법을 항상 행하고, 모든 삼매에 항상 들어가고, 모든 시간의 겁(劫)에 항상 머문다. 모든 삼세법을 항상 알고, 모든 끝없는 세계에 항상 가고, 모든 중생의 악을 항상 쉬게 하고, 모든 중생의 선을 항상 늘게 하고, 모든 중생의 생사의 흐름을 항상 끊는 일이야 내가 어떻게 알며 그 공덕의 행을 어떻게 말할 수 있겠는가."

– 화엄경 입법계품

관세음보살은 스스로 수행하여 대비법문과 광명의 행을 성취한 선지식으로서 중생을 교화해 줍니다. 아낌없이 나누어 주는 보시를 행하고, 부드럽고 사랑스러운 말을 하고, 이롭게 해 주는 일을 하고, 상대방과 행동을 같이 하여 이끌어주고 거두어 주는 것입니다. 또한 중생과 같은 몸을 나타내어 온갖 두려움에서 벗어나게 해 주고, 위없는 보리심을 발해서 영원히 물러나지 않게 해 준다고 하셨습니다.

이와 같이 관세음보살은 중생을 구원해 주면서 동시에 깨달음으로 이끌어 주는 우리의 스승입니다. 보살행은 행복을 일구는 씨앗입니다. 매순간 관세음보살의 가르침대로 보살행을 실천하면 영원한 행복인 열반에 이르게 되고, 우리도 관세음보살이 되고 부처가 될 수 있습니다. 될 수 있는 게 아니라 우리 모두 이 몸 이대로 관세음보살이고 부처입니다.

· 손으로 쓰는 관음기도 4 ·

"그대들은 응당 한마음으로 관세음보살에게 공양해야 한다. 이 관세음보살은 두렵고 긴급한 어려움에 처한 중생에게 일체 두려움을 없애는 은혜를 베푸시기 때문이다. 그러므로 이 사바세계에서는 관세음보살을 '두려움을 없애주시는 은혜로운 분[施無畏者]'이라고 부르는 것이다."

"그대들은 응당 한마음으로 관세음보살에게 공양해야 한다. 이 관세음보살은 두렵고 긴급한 어려움에 처한 중생에게 일체 두려움을 없애는 은혜를 베푸시기 때문이다. 그러므로 이 사바세계에서는 관세음보살을 '두려움을 없애주시는 은혜로운 분[施無畏者]'이라고 부르는 것이다."

● 마음으로 그리기 5

나는 관세음보살님이 제일 좋아

온 정성 다해 마음으로 그려 보세요

● 마음으로 그리기 6

관세음보살님, 저는 사람들한테 좋은 소식을 많이 전해주고 싶어요

온 정성 다해 마음으로 그려 보세요

● 마음으로 그리기 7

나는 항상 이 자리에서 너를 기다리고 있단다

온 정성 다해 마음으로 그려 보세요

관세음보살은 왜 아미타 부처님을 보관(寶冠)에 모시고, 정병(淨瓶)과 버들가지를 들고 있을까?

백의관음보살은 말없이 설법을 하시고,
남순 동자는 듣지 않아도 설법을 알아듣는구나.
정병에 꽂은 버드나무 푸른 가지는 언제나 여름인데
바위 앞 푸른 대숲은 완연한 봄이로다.
白衣觀音無說說　南巡童子不聞聞
瓶上綠楊三際夏　巖前翠竹十方春

　관세음보살의 가장 큰 특징은 보관(寶冠, 이마)에 아미타 부처님을 모시고 있다는 점입니다. 관세음보살은 아미타 부처님의 가르침에 따라 끝없는 중생의 고통을 덜어주고 소원을 이루어 주기 위해 아미타 부처님을 스승으로 삼고 언제나 그 가르침을 잊지 않기 위해 자신의 이마에 아미타 부처님을 모시고 있는 것입니다.

　한편 중생의 소원에 따라 32응신, 33응신으로 나투시는 관세음보살(觀世音菩薩)은 이름도 많고, 그 이름에 따라 보이는 모습도 약간씩 다르고, 맡은 임무도 조금씩 다릅니다. 예를 들어 군다리관음(軍多利觀音)은 모든 나쁜 귀신의 장애가 있을 때 귀신을 항복시켜 장애를 없애주는 관음보살입니다. 또한 농견관음(瀧見觀音)은 "관음을 염하면 불도가니가 변하여 연못이 된다."는 관음경의 내용에 따라 벼랑에 앉아서 용을 보거나 바위에 기대 앉아 폭포를 보는 모습을 하고 있습니다. 위덕관음(威德觀音)은 왼손에는 금강저(金剛杵)를 들고 오른손에는 연꽃을 들고, 악의 무리를 굴복시키기 위한 위엄과 약한 이를 돌봐주는 자비로운 덕을 갖추고 있는데, 33응신 중 천대장군신을 나타냅니다.

이렇듯 수없이 많은 이름의 관음이 있는데 우리나라에서는 백의관음(白衣觀音, 水月觀音), 천수천안관음, 십일면관음 등이 주로 조성되었습니다.

백의관음은 33신 중 비구니신에 해당하는데, 그 이름처럼 머리에서부터 발끝까지 백의를 걸치고 정인(定印)을 맺고 백련(白蓮) 위에 앉아 있습니다. 주로 아이를 순산(順産)할 수 있도록 도와주고 아이가 잘 성장할 수 있도록 보살펴 주는 관세음보살입니다. 당나라 시대 말기부터 수월관음도의 관세음보살이 백의를 입음으로써 수월관음과 백의관음이 같은 분으로 인식되기도 했습니다.

하지만 백의관음을 다 수월관음이라 단정할 수는 없습니다. 예를 들어 강진 무위사 극락전의 관세음보살은 백의를 입고 있기는 하지만 손에 정병과 버드나무가지를 들고 있는 것을 보면 양류관음이라고도 할 수 있습니다. 그런데 위 게송에서도 알 수 있듯 고려 불화의 백미로 손꼽히는 수월관음은 백의관음과 양류관음의 형상을 다 갖추고 있습니다.

휘영청 달 밝은 밤에 연꽃을 탄 채 물에 비친 달을 보며 왼손에는 연꽃봉오리를 들고 오른손은 시무외인(施無畏印)을 하고 있는 분이 수월관음(水月觀音)입니다. 그런데 우리나라 수월관음도는 선재동자가 관세음보살에게 가르침을 구하는 모습, 버드나무 가지가 꽂힌 정병[淨瓶, 물을 담는 병,

중생의 고통과 목마름을 해소시켜 준다 하여 감로병(甘露瓶), 보병(寶瓶)이라고도 함]이 옆에 놓여 있고, 파랑새와 염주, 관세음보살의 등 뒤에 쌍죽이 뾰족하게 보이는 점 등 중국이나 일본과 다른 특색이 있습니다. 수월관음도에 나타나 있는 이 모든 것이 다 상징적인 의미를 가지고 있는데, 특히 버드나무 가지와 정병이 갖고 있는 의미는 양류관음과 같습니다.

인도의 바이샬리에서 역병이 유행했을 당시에 전염병을 물리쳐 달라는 사람들의 소원에 따라 관세음보살이 나타나 버드나무 가지와 정수(淨水)로 병을 없애는 주문을 가르쳐 주어서 역병을 물리쳤다는 내용이 청관음경에 나옵니다. 여기에서 유래되어 옛 사람들은 양류관음도를 조성하여 병을 물리치고 재앙을 소멸해 주십사 간절히 기도했던 것입니다.

십일면관음(十一面觀音)은 글자 그대로 머리에 열한 가지 얼굴을 가진 보관을 쓰고 있는데, 죄를 소멸하고 복을 주며 병을 낫게 해 주는 절대적인 능력을 갖추고 있다고 합니다. 우리나라에는 석굴암의 십일면관음보살이 매우 유명한데, 왼손은 감로병을 들고 있고 오른손은 염주를 들고 있습니다. 감로병은 소원을 성취시켜 주는 것을 상징하고, 염주는 중생의 번뇌를 끊어주는 것을 나타내고 있습니다.

천 개의 손과 천 개의 눈을 가진 천수천안관음(千手觀音)보살은 사람의 괴로움을 천 개의 눈으로 빠짐없이 살펴보고, 천 개의 손으로 낱낱이 구제하고자 하는 염원을 상징합니다. 천 개의 의미는 헤아릴 수 없이 많은 것을 뜻합니다.

진급하고 싶은가? 간절히 기도하라

몇 해 전 『시크릿(Secret)』이라는 책이 베스트셀러에 오르고, 그 후에도 꾸준히 독자들의 사랑을 받고 있습니다. 이 책은 우리의 내면에 잠재되어 있는 비밀한 힘을 이용하면 좀 더 성공적인 인생을 살 수 있을 거라고 조언하며 돈, 인간관계, 건강, 세상, 당신, 인생 등의 분야로 나누어 각각의 위대한 비밀을 다양한 사람들의 이야기를 통해 선보이고 있습니다. 시크릿은 한 마디로 자기 내면의 잠재력에 대한 강한 믿음이 기적 같은 성공을 불러온다는 것입니다. 믿음은 그만큼 강력한 힘을 가지고 있습니다.

관세음보살의 형상을 보거나 관세음의 명호를 듣기만 해도 고통이 사라지고 해탈한다는 사실을 절대적으로 믿고 기도하십시오. 철저한 믿음을 바탕으로 한 지속적인 관음기도는 기적을 낳습니다.

나는 군승으로 수십 년 동안 군대에서 군인들과 군인 가족들과 신행생활을 해 왔습니다. 그분들에게 부처님의 가르침을 전하면서 늘 기도 수행을 강조했습니다. 군대도 사람 사는 곳이라, 아니 어쩌면 철저한 조직사회요, 계급사회인 군대는 일반인들보다 더욱 치열한 삶의 현장이라 해도 과언이 아닙니다.

특히 진급 철이면 상상하기 힘들 정도로 긴장감이 흐릅니다. 그도 그럴 것이 진급을 못하면 나이 제한에 걸려 군복을 벗어야 하기에 더욱 절박합니다. 평소에도 생활 속의 기도수행을 강조하지만 진급 철에는 특히 더 정성을 들여 관음기도를 봉행했습니다. 나 또한 군승으로서 군인들의 진급에 대한 스트레스가 얼마나 큰지 너무나도 잘 알고 있어서 관음기도를 권한 것입니다. 사실 군인들의 스트레스를 풀어주고 마음을 편안하게 해 주기 위한 측면도 많았습니다.

그런데 신기하게도 기적 같은 일이 생기더군요. 본인과 가족들이 한마음으로 간절하게 관음기도를 한 분들은 언제나 소원을 성취하는 것입니다. 하늘의 별 따기라는 말처럼 군대에서 장성이 된다는 것은 정말 어려운 일인데, 관음기도를 열성적으로 하여 대령에서 준장으로 승진한 분들을 여러 분 보면서 경전 말씀이 진실한 말씀이요, 허무맹랑한 말씀이 아니라는 것을 깨달았습니다.

"갖가지 고뇌를 받는 무량 백 천 만 억의 중생이 관세음보살의 명호를 듣고 일심으로 칭하면 관세음보살은 즉시 그 음성을 관하여 모두를 해탈케 한다." 는 법화경 보문품의 말씀이 실제로 이루어진 사례는 이루 헤아릴 수 없을 정도도 많다는 것을 깨닫고 감읍했습니다.

관세음보살을 친견한 뒤 목숨을 구한 만해 한용운 스님

시인이자 독립운동가였던 민족대표 33인 중의 한 분인 만해 용운 스님이 만주 곳곳에 산재해 있는 독립군 훈련장을 찾아다니면서 독립사상을 고취시키러 다니던 어느 날 총탄에 맞았습니다. 피를 쏟고 쓰러져 있는 만해 스님 곁으로 한 성스러운 여인이 다가왔는데, 만해 스님은 의식을 잃어가는 와중에도 여인이 오세암의 오세 동자를 돌봐주시던 관세음보살이라는 것을 알 수 있었습니다. 그 여인이 다친 곳을 어루만져주면서 "빨리 피하라"고 해서 몸을 간신히 굴려서 숨었는데, 바로 말을 탄 마적떼 무리가 지나갔다고 합니다. 생전에 만해 스님은 만일 그때 피하지 않았다면 포악무도한 마적떼에게 잡혀 죽었을 것이라고 하면서 관세음보살의 가피로 목숨을 잃지 않았다고 강조하셨습니다.

일연 스님이 저술하신 『삼국유사』에는 장님인 희명이 관세음보살께 빌어서 빛을 보게 된다는 내용을 담은 향가 「도천수대비가」를 비롯해서 관세음보살 가피 영험담이 많이 등장합니다.

한편 관음기도를 했는데도 소원을 이루지 못한 분들도 있습니다. 그분들은 간절하게 기도하지 않았기 때문입니다. 태양이 저 하늘에 떠 있어도 구름이 끼거나 시각장애를 갖고 있으면 그 빛을 보지 못하는 것과 같은 이치입니다.

관음기도를 통해 관세음보살의 가피를 받아 소원을 성취하고 관세음보살처럼 자유자재한 능력이 생기는 기적 체험은 결코 머나먼 다른 사람의 얘기가 아닙니다. 바로 여러분이 기적의 주인공이 될 수 있도록 지금 바로 간절하게 기도하십시오. 이 책이 여러분을 이끌고 도와줄 것입니다.

손으로 쓰는 관음기도 5

"관세음보살의 명호를 마음에 간직하고 염불하면 7난의 재앙을 면하게 한다. 큰 불에 들지라도 능히 태우지 못하고(火難), 홍수에 떠내려가 죽는 일이 없으며(水難), 바다에서 검은 바람을 만나 죽음에 임박했더라도 해탈을 얻을 것이며(風難), 죽음의 칼이 목전에 다다랐을지라도 그 칼이 저절로 부러질 것이며(劍難), 나찰 등 아무리 사나운 마귀라 할지라도 해를 끼치지 못하며(鬼難), 죄가 있거나 없거나 감옥의 고통을 맞게 된 자들이 모두 자유로워지며(獄難), 원수나 도적도 스스로 사라진다(賊難)."

-법화경

● 손으로 쓰는 관음기도 6 ●

"손에 칼을 쥔 적의 무리가 살해하려는 생각으로 둘러쌀지라도 관세음을 떠올려 생각하면 그들은 그 순간 자비심을 갖게 된다. (중략)

화염을 내뿜어 보기에도 끔찍하고 눈빛만으로도 독살해버리는 뱀 따위에 둘러싸이더라도 관세음을 떠올려 생각하면 그것들의 독은 곧바로 사라질 것이다.

구름 속에서 우레와 함께 비를 내리쏟고 맹렬한 벼락이 섬광과 함께 내리치더라도 관세음을 떠올려 생각하면 그 찰나에 곧바로 잠잠해질 것이다."

-법화경

● 마음으로 그리기 8

네가 번뇌를 가져오면 내가 깨끗이 씻어줄게

온 정성 다해 마음으로 그려 보세요

● 마음으로 그리기 9

정병의 버드나무 푸른 가지는 언제나 환희여라

온 정성 다해 마음으로 그려 보세요

● 어떻게 기도할 것인가?

될 때까지 기도하라, 마음이 그리는 대로 이루어진다

"스님, 너무 속이 상합니다. 천수경 108독 기도를 1년이나 했는데, 아들이 시험에 떨어졌습니다."라고 하소연하는 분에게 "가슴이 많이 아프시겠네요. 1년 동안 기도를 하셨는데, 소원을 성취하지 못하셨으니 속상할 만도 하십니다. 그런데 그동안 어떻게 기도를 하셨습니까?"라고 되물었습니다.

"네, 그냥 우연히 절에서 만난 스님께 '어떻게 하면 소원 성취를 할 수 있느냐?'고 여쭙자, 그 스님께서 천수경만 열심히 읽으면 된다고 하셔서 직장에 갈 때 올 때 틈틈이 천수경 108독을 읽었습니다."

"먼저 기도를 하는 사람은 절에 와서 부처님 전에 기도비를 올리고, 제대로 의식을 갖추고 해야 합니다. 혹 절에 올 시간이 없어서 집에서 기도

할지라도 예를 갖추고 해야 하지요. 노는 입에 염불하는 식으로 대충 하면 그저 마음이 편안해지는 소득은 있을지라도 공덕 부족으로 소원을 성취하기 힘듭니다.

또한 기도는 시간을 정해 놓고 간절하게 온 마음을 모아서 해야 합니다. 오며가며 기도하는 것은 심심풀이 취미 생활과 마찬가지여서 아마추어 수준에서 벗어날 수 없는 것처럼 기도 성취도 어렵습니다. 기도를 하기 전에 목욕재계하고, 몸과 마음을 반듯하게 한 다음에 프로정신을 가지고 제대로 해야 하는 것입니다. 물론 정식으로 기도 입제를 하고, 시간을 정해서 최선을 다해 기도했는데도 이루어지지 않을 수도 있습니다.

어떤 분은 옆에서 지켜볼 때 안쓰러울 정도로 지극 정성 기도했는데도 이뤄지지 않는 분이 있습니다. 간혹 그분보다 정성이 부족해 보이는 분은 아주 쉽게 소원 성취를 하는 경우도 있습니다.

한날한시에 태어난 일란성 쌍둥이도 제각각 다른 삶을 살아갑니다. 하물며 부모 형제도 다르고 태어난 곳도 다르고, 타고난 복덕이 다른 사람들이야 오죽하겠습니까?

전생부터 지어놓은 공덕과 업장이 서로 다르기 때문에 기도 성취도 다릅니다. 예를 들어 전생의 업장을 빚이라고 하면 기도를 통해 그 빚을 갚고 잔고를 늘리는 것이 기도입니다. 기도 성취가 되지 않았다고 원망하지 말고 아직 갚을 빚이 남았으니 더 열심히 기도해야겠다는 원력을 세워야 합니다.

하지만 빠르고 늦은 차이만 있을 뿐 반드시 기도 성취 공덕은 있습니다. 본인 입장에서 최선을 다했는데도 이뤄지지 않을 때도 절대 부처님을 원망해서는 안 됩니다.

'아직 내 정성이 부족하구나. 아직도 업장이 두텁구나' 참회하면서 더 열심히 기도해야 합니다. 기도는 될 때까지 하면 다 이루어집니다. 아들이 없어진 것도 아니고, 시험은 또 치르면 되니까 그동안의 묵은 업장을 참회하면서 기도하십시오. 그렇게 참회하고 기도하지 않으면 화병이 생겨 이중삼중의 고통을 겪을 수도 있습니다."라고 조언해 주었습니다.

그로부터 1년 후 그분이 찾아와 싱글벙글 환히 웃으면서 인사를 했습니다.

"스님, 고맙습니다. 스님 덕분에 참회하고 더 열심히 기도했습니다. 아들이 더 좋은 대학에 합격해서 전화위복이 되었습니다. 스님, 정말 고맙습니다."라고 하면서 공양을 올리고 돌아갔습니다.

**생활 속에서 염불하고 기도하라,
반드시 응답이 온다**

"스님, 정말 기도를 하면 모든 소원을 이룰 수 있나요? 저는 마음속으로 바라는 게 많은데도 소원을 빈다는 것 자체가 부끄러워서 지금까지 표현하지 못했어요."라고 하는 분들이 생각보다 많습니다. 특히 지성인들일수록 기도를 등한히 하는 경향이 있는데, 생활 속에서 염불하고 기도하면 반드시 응답이 있다는 것을 확실히 믿으십시오. 믿는 대로 이루어집니다.

이건 제 말씀이 아니라 부처님 말씀입니다. 관세음보살 보문품에 다음과 같은 말씀이 있습니다.

"만일 모든 중생이 누구든지 아주 큰 대비심을 일으켜서 지극한 마음으로 저의 이름을 부르고 저의 근본 스승(本師)이신 아미타불을 한마음으로 생각한 후 지성껏 대비주(신묘장구대다라니)를 하루 밤에 다섯 번만 외워도 백천 만 겁 동안에 지어온 무거운 죄를 소멸하고 목숨을 마칠 때에 서방의 아미타 부처님이 오셔서 손을 이끌어 소원대로 극락세계에 왕생하게 해 주십니다. 또 열다섯 가지 좋은 곳에 나게 되고, 열다섯 가지 악도에 떨어지는 업보를 받지 않게 됩니다."

열다섯 가지 좋은 곳은 첫째, 가는 곳마다 훌륭한 임금(지도자)을 만나고, 둘째 항상 좋은 나라(선진국)에 태어나고, 셋째, 항상 좋은 시절을 만나며, 넷째 항상 좋은 벗을 만나고, 다섯째 온전한 몸을 받으며, 여섯째 항상 도 닦는 마음이 돈독하며, 일곱째 도덕이나 계율을 어기지 않으므로 마음이 편하고 즐거운 생활이 되며, 여덟째 집안식구와 항상 화목하며, 아홉

째 재물과 의식이 항상 풍요로우며, 열째 다른 사람들이 항상 공경하고, 열한째 재물을 남에게 빼앗기지 않으며, 열두째 하고자 하는 바를 모두 이루며, 열셋째 불보살이나 선신들이 항상 옹호하고, 열넷째 부처님 계신 곳에 태어나 불법을 만나게 되며, 열다섯째 마침내 불법의 진리를 깨달아 성불한다는 것입니다.

관세음보살은 앞에서도 말씀드렸듯이 우리 중생들의 소원을 들어주기 위해 큰 원력을 세우셨습니다. 우리 중생의 고난을 없애주고 소원을 모두 들어주고 궁극에는 성불의 경지에 이를 수 있도록 이끌어주시는 분이 바로 관세음보살입니다. 소원이 있을 때마다 간절히 비는 것도 중요하지만, 평소 일상생활 속에서 염불하고 독경하고 사경하는 기도가 몸에 배어야 합니다.

특히 직장인들이나 한창 육아와 가사노동에 시달리는 전업주부들은 기도시간을 따로 내기가 힘들 것입니다. 바쁜 분들일수록 차를 타고 이동할 때도 관세음보살, 나물 다듬고 요리를 하면서도 관세음보살, 집안 청소를 할 때도 관세음보살, 설거지할 때도 관세음보살을 부르십시오. 특히 차를 운전하시는 분들은 차에 오르자마자 염불하십시오. 추월하고 싶을 때 관세음보살을 부르면 바쁘지 않은데도 추월하려는 욕망이 사라지고, 다른 사람에게 추월당할 때 자기도 모르게 나오는 욕도 염불 속에 녹아들 것입니다.

입을 놀려두면 괜히 쓸데없는 구업(口業)만 짓는 경우가 많습니다. 이런 얘기 저런 얘기 잡담을 나누다 보면 남에 대해 흉을 보기도 하고, 험담을 하는 등 구업을 짓게 되고, 인간관계까지 틀어지게 됩니다.

　염불과 아울러 독경과 사경을 하면 더욱 좋습니다. 전철이나 버스에서 경전을 읽고, 집에서 쉴 때도 그저 넋 놓고 텔레비전을 보면서 시간을 낭비하지 말고, 독경하고 사경을 하는 것은 가장 아름다운 불자의 모습입니다. 경전의 뜻을 알든 모르든 계속해서 읽고, 한 글자 한 글자 사경을 하는 동안 부처님과 진심으로 함께하는 것입니다. 독경과 사경, 사불을 함께 할 수 있도록 편집해 놓은 이 책을 바탕으로 최선을 다해 기도하면 그동안 알게 모르게 쌓은 죄는 사라지고 복덕이 하나둘씩 쌓이고 자비와 지혜의 문이 하나씩 열릴 것입니다.

● 마음으로 그리기 10

어디를 가도 나를 잊지 말아라

온 정성 다해 마음으로 그려 보세요

● 마음으로 그리기 11

관세음보살님, 세상의 분노를 녹여 주세요. 철조망이 사라지게 해 주세요

온 정성 다해 마음으로 그려 보세요

● 손으로 쓰고 마음으로 그리는 관음기도의 공덕

간절하게 기도하면
원하는 것을 다 이룰 수 있다

관음기도 가피로 군부대 내 총격 사건을 무마시킨 이야기

"무진의여, 관세음보살은 이와 같은 능력이 있어서 만약 어떤 중생이 관세음보살을 공경하고 예배하면 그 복은 결코 없어지지 않는다. 이러한 까닭으로 중생은 모두 마땅히 관세음보살의 명호를 수지(受持)하여야 한다."

― 관세음보살보문품

우리 속담에 "노는 입에 염불하라"는 말이 있습니다. 이 말은 입을 놀리지 말고 염불을 쉬지 않고 하라는 말입니다. 가만히 생각해 보십시오. 대화를 나누는 내용을 살펴보면 남에 대한 이야기가 태반입니다. 또한 칭찬보다는 험담을 주로 합니다. 입을 놀리다 보면 구업을 짓기 쉬워서 노는 입에도 염불하면서 공덕을 쌓으라고 하는 것입니다. 일단 험담과 거짓말 등을 하지 않으니 구업을 짓지 않게 되고, 그 대신 입을 놀리지 않고 염불을 하니 자연스레 공덕을 짓게 됩니다.

제가 지금까지 살아오는 동안 겪은 일을 곰곰이 되짚어보면 부처님께서는 정말 진실한 말씀만 하신다는 것을 깨달았습니다.

부처님은 "관세음보살을 공경하고 예배하면 그 복은 결코 없어지지 않는다."고 관세음보살보문품에서 말씀하셨습니다. 이 말씀은 한 치의 오차도 없습니다. 제가 산 증인입니다.

앞에서도 언급했듯이 저는 '군포교를 하라'는 은사 경산 스님의 엄명을 받고 군법사로 임관해 수십 년 동안 군인들에게 부처님의 가르침을 전했습니다. 군인들과 함께 월남에 가서 아수라장 같은 전쟁의 참변을 겪었습니다. 베트콩이 총을 겨누며 목숨을 위협한 적도 있었습니다. 하지만 위험하고 힘들 때마다 순조롭게 극복할 수 있었습니다. 온갖 위급한 일이 술술 풀린 것은 물론이고 뜻하는 일마다 순조롭게 이룰 수 있었던 것은 불보살의 가피 덕분입니다. 눈에 보이지는 않지만 생활 속에서 불보살의 은혜를 체험하면서 자연스레 터득한 것이 바로 기도의 힘이라는 것, 언제 어느 때나 염불 기도한 공덕이라는 사실을 깨달았습니다.

베트콩에게 위협받은 이야기는 앞에서 말씀드렸고, 우리나라 군부대에서 겪었던 수많은 일화 중 기억에 뿌리 내린 내용을 한 가지 말씀드리겠습니다.

아무리 평화로워보여도 군부대는 늘 사건 사고가 발생할 수 있는 곳입니다. 특히 전방 부대는 가만히 있어도 긴장감이 감도는데, 내가 1980년 어느 전방 부대에 근무할 때 지금 생각해도 아찔한 사건이 일어났습니다. 그 당시 사회정화 차원에서 문제가 있다는 사람들을 전국의 군부대에 나누어 입소시켜 교육을 시킨 삼청교육대라는 게 있었습니다. 그때 억울한 사람들이 다소 있어서 물의를 일으킨 일이기도 합니다. 내가 군승으로 있던 전방 부대에도 이 삼청교육대가 설치되어 정신 순화 교육을 담당했었습니다. 교육생들과 대화를 나누기도 했는데, 그들의 이야기를 듣다보면 가슴 아픈 사연이 많아서 함께 눈물을 흘리면서 위로해 주고 아픔을 달래주었습니다.

그런데 생각조차 하지 않았던 일이 벌어졌습니다. 어느 날 도로 작업에 동원된 교육생 두어 명이 지나가는 버스를 향해 담배를 달라고 했나 봅니다. 승객 중 누군가가 군복을 입고 있는 그들이 안쓰러웠는지 피우던 담배를 던져주었다고 합니다. 이때 받은 담배를 교육생 한 명이 피운 것이 사건의 발단이 되었습니다. 사실 교육생은 교육기간 중 담배를 피울 수 없다는 규정이 있었는데, 위반을 했으니 이에 대해 엄격하게 대응한 것이지요. 그런데 금연 수칙을 어긴 교육생이 갑자기 기간병의 총을 빼앗아 막사로 들어가 기간병과 대치하게 되었던 겁니다. 담배 한 개비로 인해 순식간에 총을 겨누며 대치하는 위험한 상황까지 벌어진 것입니다.

평소 내가 교육생들과 친근하게 지낸다는 것을 알고 있던 사단장이 한밤중에 전화를 걸어와 나더러 사태를 수습해 달라고 하더군요. 칠흑같이 어두운데다 비는 추적추적 내리는 밤길을 뚫고 지프로 30분을 달려 현장에 도착하니, 자동차 헤드라이트를 켜놓고 양측이 대치하고 있었습니다. 계속 그들을 설득하고 있었지만, 막사에서는 간간이 총을 쏘면서 타협할 뜻을 비치지 않는 상황이었습니다. 총을 쏘고 있으니 사고 현장으로 가까이 갈 수도 없는 형국이었지요.

나는 옷을 벗고 러닝셔츠 차림으로 메가폰을 들고 관세음보살 염불을 하면서 교육생 막사를 향해 한 발짝 한 발짝 나아가면서 외쳤습니다.

"나, 너희 스님이다. 막사로 들어갈 테니 총을 쏘지 마라. 우선 부상자부터 파악하고 조치할 것이다. 부상자를 그대로 방치하면 죽을 수 있다. 그들이 죽으면 너희들이 큰 죄를 짓는 것이다. 너희들도 잘 알다시피 나는 스님이다. 스님이라 총도 없다."

그렇게 말하면서 막사로 다가가니 그들은 총을 쏘지 않았습니다. 마음속 깊이 관세음보살을 염하면서 한편으로 '부모님의 은혜'를 부르며 막사에 다가서자 교육생들도 따라서 부르기 시작했습니다. 교육생들과 '부모님의 은혜' 노래를 같이 부르면서 서로 마음이 통해 상황이 종결되리라는 것을 알아차렸지요.

막사에 들어가서 부상당한 환자들을 내보내 치료 받게 하고, 총을 들고 있는 교육생들에게 "담배 한 개비 때문에 이게 무슨 일인가? 불행은 큰 일에서 시작되는 것이 아니라 아주 사소한 일에서 시작된다. 한 번 참는 것으로 백일의 근심을 면할 수 있다고 했다. 순간적으로 일어나는 분노를 참지 못하고 화를 내거나 격정적으로 행동하는 사람은 필경 실패자가 된다. 반성할 것은 반성하고 벌받을 것은 당당하게 벌을 받자. 모두 총을 반납하고 평상심으로 돌아가자. 귀한 생명, 귀한 시간을 이렇게 내팽개쳐서는 안 된다"고 하자 교육생들 모두 순순히 총을 반납해서 상황이 종료되었습니다.

이렇게 큰 사건으로 번질 수도 있던 총격 사태를 해결하면서 이 모든 것이 관세음보살의 가피라는 것을 직감했습니다. 평소 관음기도를 하면서 교육생들이 고통에서 벗어나 행복해지기를 마음 깊이 기원해 주고, 그 덕분에 진심으로 소통할 수 있었고, 극단적인 대치상황에서 그들로 하여금 평정심을 되찾아 사태를 마무리 지을 수 있게 되었던 것입니다.

관음기도 덕분에 육군훈련소 호국연무사
큰법당 불사를 원만 성취하다

나를 잘 아는 분들은 나를 떠올리면, "앉으나 서나 신도 생각, 앉으나 서나 신도 관리. 앉으나 서나 장병 생각, 앉으나 서나 장병 관리."라는 로고송을 부르며 군포교에 열정을 쏟던 모습이 생각난다고 합니다. 그분들 말씀처럼 나는 1970년 군승 중위로 임관하여 1995년 대령으로 예편할 때까지 사반세기 동안 군포교에 온 힘을 기울였습니다.

나는 본래 대학을 마치고 선방에 들어가려 했는데, 은사스님의 간곡한 권유와 군승 자원이 부족하다 하여 이미 사병으로 군대를 갔다 왔는데, 3기 군법사로 재입대했습니다.

그 당시 군포교 현실은 참담하기 그지없었습니다. 군법당이 없어서 천막을 치고 법회를 보기도 하고 사병식당, 창고 등에서 법회를 보았습니다. 이웃종교에 비해 출발이 늦었기 때문에 그야말로 군승 법사들이 위법망구의 정신으로 군포교에 임했습니다. 나는 군승으로 있을 때 월남전에 참전하기도 하고, 3군 선봉사와 육군사관학교 호국선원을 창건하기도 했는데, 지금도 가장 보람 있는 것은 1993년 군종실장으로 재직하면서 군목을 줄이고 군승을 늘려 군포교의 초석을 다진 것입니다.

이렇게 군승으로 25년간 포교를 하고 예편한 후에도 용인에 반야선원을 창건하여 수행과 포교를 하면서 교도소 교정활동을 하였는데, 2009년 제 2대 특별군종교구장으로 임명된 것입니다. 임기 동안 내게 주어진 가장 큰 과제는 바로 1기 군종교구에서 의결된 호국연무사 불사였는데, 바로 그 점 때문에 내게 군종교구장 소임을 맡긴 것이라고 합니다. 나 역시 어깨는 무거웠지만 호국연무사 불사야말로 군포교와 한국불교의 미래를 위해 하루라도 빨리 원만 성취되어야 할 일이라고 생각했기에 부임하자마자 박차를 가했습니다.

사실 호국연무사 신축법당 불사 전에 논산훈련소 수계법회에 갈 때마다 참으로 가슴이 아팠습니다. 기독교와 천주교, 원불교는 수년 전에 이미 최신식 건물을 신축, 쾌적하고 안락한 종교시설에서 군포교를 하고 있는데, 우리는 30년 전에 지어진 낡고 협소한 법당과 열악한 환경에서 법회를 보고 있었던 것입니다. 구법당이 좁아서 복도 중간 중간 목욕탕 의자를 빼곡하게 늘어놓고 다리를 쪼그려 앉아 법회를 보기도 하고, 그나마 장병들이 다 들어오지 못해 밖에 서서 법회를 보기도 하고, 서성거리다 돌아가는 장병들도 부지기수였습니다. 더운 여름날이나 추운 겨울날 밖에서 고생하는 장병들을 보면 마음이 미어졌습니다. 수계식 날에는 스님들이 연비를 할 공간이 없어서 난처할 때가 한두 번이 아니고, 심지어 화장실도 재래식이어서 젊은 장병들이 매우 불편해 했습니다. 이웃종교에 비해 간식 등을 주는 것도 시원찮은데 시설도 형편없으니 젊은이들이 발걸음을 돌릴 것은 명약관화한 사실이었지요. 그래서 다들 호국연무사 불사를 해야 한다는 생각은 했지만, 천문학적인 비용이 들어가는 상황인지라 엄두를 못 냈던 것입니다.

2009년 7월 24일 제2대 특별군종교구장으로 취임한 지 넉 달째인 2009년 11월 27일 군승의 날 41주년을 맞이해서 논산 육군훈련소 연무사 신축 불사 선포식을 했습니다. 한국불교사에 길이 남을 대작불사의 첫 발을 내디디는 순간부터 관음기도를 올렸습니다. 그 뒤로 오나가나 앉으나 서나 관세음보살의 가피지력으로 불사를 원만 성취하게 해 달라고 기원하면서 전국을 순회하며 불사금을 모연했습니다.

전국을 다니며 군포교의 중요성을 역설하고, 불자들의 마음을 모았지만 순탄치는 않았습니다. 군포교·청년포교가 중요한 것은 다 알지만 국내외 경제가 어려운 상황이었는지라 화주하기가 정말 힘들었습니다. 하지만 60만 장병과 400여 법당에서 법을 전하는 군법사를 생각하면 없던 힘도 생기는 것 같았습니다.

불사 초기에 건설 시행업체를 변경할 수밖에 없었던 상황에서 미납금 문제 등으로 이자는 불어나고 사업은 진척되지 않아, 잠을 설친 적도 많았습니다. 잠도 못 자고 공양도 제때 못하고 전국을 누비면서 무리한데다 스트레스가 겹쳐서 병고에 시달리게 되었습니다.

하지만 한국불교의 미래가 달린 이 불사만큼은 목숨을 바쳐서라도 성취하겠다는 각오로 관세음보살께 기도했습니다. 살아오면서 늘 불보살의 가피를 느꼈지만, 호국 연무사 법당 불사를 할 때 정말 확실하게 관음기도 가피를 체험하면서 감읍한 적이 한두 번이 아닙니다.

건축 대금이 밀려서 고민할 때마다 간절하게 관세음보살께 도움을 청했습니다. 그러면 신기하게도 바로 불사금을 내겠다는 연락이 옵니다. 불사금을 내는 분들의 사연도 모두 감동적이었습니다.

한 할머니가 호국연무사 신축법당불사에 보시를 하고 싶은데 돈이 없어서 고민하자, 그동안 모은 돼지저금통을 할머니에게 드린 초등학생, 불치병으로 투병생활하며 어렵게 살면서도 아낌없이 불사에 동참하신 84세의 노부부, 직접 군종교구로 현금을 들고 찾아온 80세 노처녀 박종희 할머니, 전생에 군인이었는지 군인들 얘기만 나오면 뭉클하다며 불교방송을 듣고 동참하신 시각장애인 김경자 보살, 군대생활 하는 동안 월급과 휴가비를 모은 돈 전액을 불사금으로 낸 병사, 불사금이 부족해서 힘들 때마다 관세음보살처럼 나타나 힘이 되어 주신 이분선 보살은 5억5천만원을 삼존불 제작비로 흔쾌히 쾌척하셨습니다.

사고로 사망한 딸의 결혼자금으로 만들어 놓은 돈을 보내 주신 박·최씨 부부, 군부대 복무 중 사고로 순직한 고 표종빈 병장의 사고보상금을 들고 직접 찾아와 쾌척한 표창술, 이영미 부부, 28년 전 결혼식 때 받은 예물을 그대로 보내준 분, 아이 돌반지 상자를 보내준 분, 불편한 몸으로 장애 수당을 받으면서 그 수당을 아껴 보내준 분, 요양원에서 용돈을 모아 보내준 분 등 불사에 동참하는 분들의 갖가지 가슴 뭉클한 사연을 접하면서 이 불사는 반드시 성취된다는 믿음을 갖게 됐습니다.

조계종 총무원장 자승 스님을 비롯해서 밀양의 깊은 산속에서 토굴 수행을 하고 계시면서 들어오는 수입의 반을 무조건 무주상 보시하는 교각 스님, 군인 사랑이 남다르신 수문 스님, 108산사 순례를 하시면서 늘 가까운 군부대를 찾아 초코파이를 후원해 주고 연무대 불사에도 1억원을 보시하신 혜자 스님 등 전국 사찰의 스님들과 신도님들 한 분 한 분의 정성으로 125억 불사가 원만 성취되었습니다.

지난 2012년 4월 30일 호국 연무사 큰법당이 완공되고, 그해 5월 2일 신축대법당 삼존불 점안식과 낙성식이 봉행되었습니다. 그날의 감격은 지금도 잊을 수 없습니다. 불사금 마련을 위해 날마다 하루 평균 200킬로가 넘는 운행거리를 다니다가 급기야 상량식을 앞두고 쓰러진 일도 있습니다. 무리하지 말라는 의사의 권고도 듣지 않고 퇴원하자마자 동분서주하다가 결국 고혈압과 당뇨로 입원, 심장협심증으로 수술까지 받게 되었습니다. 수술 흔적, 평생 지병으로 남은 병고가 마치 관세음보살이 수여해 주신 훈장처럼 느껴졌습니다.

종교 인구가 줄어들고, 젊은 세대는 더더욱 종교에 등을 돌리고 있는 이 시대에 군포교는 바로 청년포교의 나침반이요, 논산훈련소에 새롭게 신축된 호국 연무사 불사는 군포교의 든든한 주춧돌이 될 것입니다.

총 공사비용 125억원을 들여 신축된 논산훈련소 호국연무사 대법당은 약 3,500명의 병사들이 군화를 벗지 않고 법회를 볼 수 있는 극장식으로 만들어진 초현대식 법당입니다. 이젠 눈보라 치는 엄동설한에도 법당 밖에 쪼그리고 앉아서 언 손을 호호 불면서 법회를 보지 않아도 되고, 재래식 화장실의 불편함도 머나먼 옛이야기가 되었습니다.

호국 연무사 신축법당 완공 이후 군포교는 새로운 전기를 맞게 됐습니다. 법회 때마다 이웃종교보다 훨씬 더 많은 장병들이 찾고 있어서 3,500명 정원을 훨씬 뛰어넘어 5,000명 가까운 장병들이 매주 불법을 접하고 있습니다.

저는 2013년 7월 26일 제3대 군종특별교구장 정우 스님에게 업무를 이관하고 군포교 일선에서 물러났는데, 지금도 논산훈련소 호국연무사 대법당을 생각하면 기쁜 마음을 금할 수 없습니다. 무엇보다도 관세음보살, 관음기도의 가피를 체험한 것 또한 큰 소득이라고 생각합니다. 그 덕분에 더욱 깊은 신심을 가지고, 고장 난 몸을 고치면서 지금도 포교 현장에서 불자님들과 고락을 같이 하고 있습니다.

관세음보살의 원력과 가피를 믿으면 믿는 만큼 이루어집니다. 원하는 대로 이루어지는 신묘한 법칙이 관음기도에 있습니다. 이 책『손으로 쓰고 마음으로 그리는 관음기도』가 여러분의 기도에 좋은 도반이 되어 주고 힘이 되어 줄 것입니다.

사경 공덕으로 부친을 천도시킨 정진 스님

경전 말씀이나 진언, 다라니 등을 손으로 써내려가면서 돌아가신 분을 좋은 안식처로 인도해 주는 사경천도의 영험담은 헤아릴 수 없을 정도로 많습니다.

그 중에서도 조선시대 말 통도사에 주석했던 정진 스님의 사경 천도 영험담은 매우 특별해서 불자들 사이에 널리 알려졌습니다.

정진 스님은 부친인 송유양 옹이 돌아가셨을 때 49재를 정성껏 지내 주었으므로 당연히 천도가 잘 되었다고 생각했습니다. 그런데 어느 날 밤 꿈속에서 희한한 일을 당했습니다. 포졸 옷을 입은 7~8명의 장정이 나타나 스님을 강제로 붙들어서 바닷가로 데려가더니 배에 태워 무인도에 내려놓은 것이었습니다.

그런데 때마침 누군가 형상을 알아보기 어려운 초췌한 옷차림을 한 분이 '스님' 하고 부르는 소리가 들렸습니다. 그래서 소리가 들리는 쪽으로 고개를 돌리니 그 분이 이렇게 묻는 것이었습니다.

"스님은 어느 절에서 수행하고 있습니까? 법명은 무엇인지요?"

"소승은 통도사 백련암에서 수행하고 있는 정진이라고 합니다."

"고향은 어디입니까?"

"울산입니다."

그러자 그는 대번에 반색하며 달려들었습니다.

"아이고, 스님, 아이고, 내 아들아!"

그러면서 정진 스님을 부둥켜 안았습니다.

자세히 살펴보니 자신의 속가 아버지였습니다.

자초지종을 물어봤더니 도저히 믿을 수 없는 이야기를 합니다.

"내가 살아생전 양반이라 하여 사람들을 무시하고 못살게 군 과보로 요사지옥(繞蛇地獄: 뱀들이 둘러싸 괴롭히는 지옥)에 떨어져 고통을 받고 있단다. 제발 이 애비를 구해 다오."

어떻게 해야 지옥의 고통에서 벗어나게 할 수 있는지 물어보는 정진 스님에게 그 방법을 다음과 같이 알려 주면서 법화경 사경과 독송을 부탁했습니다.

"내가 이 지옥에 들어온 후로 여기에서 벗어나 천상에 태어난 사람을 한 명 보았다. 그는 중국 소주 땅에 살던 정익수라는 사람인데, 그의 아들 정태을이 법화경을 천 번 읽고 천도해 준 공덕으로 천상에 태어났다는구나. 나를 위해 법화경 한 질을 베껴 쓰고 독송하여 이 고통에서 벗어나게 해 다오."

이 말을 남긴 스님의 속가 아버지는 매우 괴로워하면서 또 어디론가 끌려갔답니다.

아버지를 소리쳐 부르다가 꿈에서 깨어난 정진 스님은 울산의 어머니를 찾아가 꿈 이야기를 하면서 어떻게 해야 할지 대책을 논의합니다. 그동안 수행에만 전념해서 금전적인 여유가 없었던 정진 스님은 전국을 돌아다니며 탁발을 했습니다. 경을 쓰실 분을 모셔야 하고, 경을 쓰는 데 필요한 종이와 금가루는 물론이고, 그분이 경전을 쓰는 동안 필요한 경비를 마련해야 했기 때문입니다.

다행히 탁발로 경비를 마련하자마자 그 당시 순천 선암사의 대강백이자 명필로 이름난 경운(擎雲) 스님을 모셨습니다. 경운 스님은 정진 스님의 얘기를 들으면서 검은 색 한지에 금가루로 법화경을 써내려가는 게 좋겠다는 제안을 했고, 두 분은 의기투합해서 금자법화경 사경이 시작되었습니다.

금가루로 글씨를 쓰면 붓이 금방 마모되어 버린다는 것을 미처 몰라서 절반 정도 썼을 때 준비한 붓이 모두 마모되어 버렸습니다. 게다가 눈이 펑펑 쏟아져 눈 때문에 붓을 사러 갈 수도 없는 상황이었습니다.

그런데 방문을 열자 갑자기 족제비 한 마리가 뛰어와 턱 하니 아랫목에 자리를 잡고 도대체 나갈 생각을 하지 않는 것이었습니다. 손으로 밀어내며 나가라고 해도 꼼짝하지 않고 버티면서 쳐다보는 족제비를 보고 한 줄기 스치는 느낌이 있어 족제비에게 말했습니다.

"네가 네 몸의 털을 보태서 효성스러운 정진 스님을 돕겠다는 것이냐? 그렇다면 정말 고맙구나." 하면서 족제비의 꼬리털을 뽑기 시작했습니다.

신기하게도 족제비는 꼬리털을 모두 뽑는 동안 꼼짝도 하지 않았습니다. 살아 있는 족제비의 털을 뽑는다는 것은 기적 같은 일입니다. 정진 스님의 효성이 지극해서 불보살의 가피로 족제비가 제 발로 걸어 들어와 털을 뽑게 한 것입니다.

경운 스님이 "고맙구나. 네 덕분에 경전을 다 쓰고도 남겠구나."라고 말하자 족제비는 방에서 나갔습니다. 족제비 꼬리털로 만든 붓으로 경운 스님은 법화경 사경을 잘 마칠 수 있었습니다.

정진 스님이 금으로 쓴 법화경을 통도사 적멸보궁에 올리면서 "아버지를 위해 금자법화경을 조성하였으니 모쪼록 아버지께서 고통에서 벗어나서 극락왕생하게 해 주소서."라고 축원하였습니다.

그날 밤 정진 스님의 꿈에 아버지가 나타나 "네 덕분에 요사지옥에서 벗어나 천상으로 오르게 되었다. 고맙다."고 하는데 마치 현실인 양 생생했다고 합니다. 또한 정진 스님의 모친의 꿈에도 아버지가 나타나 다음과 같이 당부했다고 합니다.

"사람이 잘 산다는 것은 잘 입고 잘 먹는 것이 아니라 남에게 베풀고 공덕을 쌓으며 사는 것이라오. 지금 가진 옷만 해도 평생 입고도 남으니 더 이상 옷을 가지려 하지 마시오. 소작료를 받을 때 적다고 책망하지 말고 마음 깊이 고마워하면서 주는 대로 받으시오. 나는 당신과 스님 아들 덕분에 지옥고에서 벗어났지만 당신은 그렇게 해 줄 사람이 없으니 스스로 복덕을 닦아야 할 것이오."

1901년에 위와 같은 인연으로 조성된 이 금자법화경은 현재 통도사 성보박물관에 모셔져 있습니다. 이미 말씀드려서 아시겠지만, 정진 스님이 법화경을 직접 사경한 것은 아닙니다. 다만 간절한 염원을 가지고 전국을 돌아다니며 탁발을 하고, 당대의 명필이던 경운 스님이 사경할 수 있도록 지극정성 준비를 해 준 것입니다. 이처럼 사경을 직접 하지 않아도 지옥에 빠진 아버지를 천도할 수 있었습니다.

**기도는 소원 성취의 비결이자
치매 예방의 명약, 마음 치유의 특효약**

정진 스님의 일화에서 온 마음을 다한 염원이 무엇보다 중요하다는 사실을 느끼셨을 것입니다.

그런데 또 한 가지 방점을 찍어야 할 것은 간절한 마음과 명필로 유명한 스님에게 부탁한 것만으로도 부친이 천도되었는데, 직접 손으로 쓰면서 하는 사경기도 공덕은 얼마나 크겠느냐는 것이지요. 정성을 다해 자기 손으로 쓰는 기도의 공덕은 헤아릴 수 없고, 말과 글로 형용할 수 없을 정도로 크고도 큰 것입니다.

스스로 기도하면서 자기 손으로 경전을 베껴 쓰고, 진언을 베껴 쓰고, 부처님을 따라 그리는 동안 불보살의 가피를 저절로 입게 됩니다. 세상 만물이 한 송이 부처꽃임을 깨닫게 됩니다. 내 안에 깃든 부처꽃이 활짝 피어 마침내 우리 사는 세상이 부처님들의 나라임을 알게 되는 것입니다.

불가사의한 공덕은 차치하고라도 공부하는 학생들, 취업준비생은 말할 것도 없고 모든 사람들이 집중력이 높아지고 지혜로워져 소원 성취의 밑거름이 되는 것입니다. 그뿐만 아니라 치매를 걱정하는 어르신들에게, 또 마음의 병을 앓는 분들에게 적극 권해 주십시오. 손으로 쓰는 기도는 치매 예방은 물론이고 마음 치유의 특효약입니다. 이러한 점을 주변에 널리 알려 주시는 것만으로도 큰 공덕이 될 것입니다.

● 마음으로 그리기 12

관세음보살님, 저를 맡아주세요

온 정성 다해 마음으로 그려 보세요

● 신묘장구대다라니의 공덕

생각만 해도 이루어지는 신묘장구대다라니

이 주문으로 미래의 악세 중생을 크게 이익케 하라

 신묘장구대다라니는 대비주(大悲呪: 큰 자비의 주문)라고 불리는데, 신묘장구대다라니가 들어 있는 천수경의 원래 제목은 '불설 천수천안 관세음보살 광대원만 무애대비심대다라니경'입니다. 경의 이름을 풀이하면 '부처님이 설하신 천의 손과 천의 눈을 가지신 관세음보살의 넓고 크고 원만하여 걸림이 없는 큰 자비심의 총지경'이라는 뜻입니다. 인도 산스크리트어인 다라니를 한자로 번역하면 총지(總持), 모든 것을 다 가졌다는 것입니다. 다시 말해 천수경은 관세음보살님께서 모든 중생이 원하는 것을 다 이루어주시고 고통에서 구해 주시는 대 주문의 경이라는 의미입니다.

신묘장구대다라니는 업장을 깨뜨려서 소멸한다 해서 '파업장다라니'라고도 하고, 지옥·아귀·축생 등 나쁜 곳에 떨어지지 않게 한다고 해서 '멸악취다라니'라고도 합니다. 또한 사정이 딱한 사람을 구제하는 데 아무 걸림이 없다 하여 '무애다라니'라고도 하고, 수명이 짧은 사람이 열심히 기도하면 오래 살 수 있다 해서 '수다라니(壽多羅尼)'라고도 합니다. 뿐만 아니라 속히 불도(佛道)를 이룬다 해서 '속초상지다라니'라고도 합니다.

이렇게 그 뜻에 따라서 여러 가지 이름으로 불리는 신묘장구대다라니는 모든 다라니의 근본이요, 으뜸입니다. 그리하여 불공을 드릴 때도 하고, 49재와 천도재, 구병시식 등 빠뜨리지 않고 독송하고 있습니다.

관세음보살님께서는 갖가지 고통 속에 슬퍼하는 중생들을 구제하기 위해 서원을 세우고 부처님께 이렇게 말씀드립니다.

"제가 아득한 옛날에 대비신주경을 가지고 중생을 구제하기 위해 원을 세우던 그때를 생각하옵니다. 천광왕정주여래께서 세상에 출현하시어 저와 모든 중생들을 가엾게 여기시고 저에게 대비신주를 말씀해 주시면서 금빛 손으로 제 이마를 어루만지고 수기를 내리시며 '너는 이 주문을 가지고 미래의 악세 중생을 크게 이익케 하라'고 부촉하셨습니다."

불교의 기도는 서원으로 시작해서 서원으로 마친다고 할 수 있습니다.

널리 중생을 이롭게 하고 구제하겠다는 불보살님의 깊은 서원이 있기에 기도를 하면 우리가 상상할 수조차 없는 크나큰 가피를 입게 되는 것입니다.

기도를 통해 우리의 마음이 맑아지고 편안해지고 가피를 입으면 어떻게 해야 할까요?

우리도 불보살이 되어야 합니다. 기도 공덕과 가피력을 널리 돌려서 모든 중생이 고통에서 벗어나 행복하게 살 수 있도록 서원해야 합니다.

**용성 스님의 신묘장구대다라니 수행,
독립 운동과 대각교 운동의 주춧돌이 되다**

경전에서는 신묘장구대다라니의 공덕을 다음과 같이 밝혔습니다.

> "마땅히 이 사람은 부처님의 몸과 다름없어서 모든 부처님이 사랑하시고 아끼시는 까닭이옵니다. 이 주문의 위신력은 불가사의하여 이 주문으로 가피 입은 이는 무엇이든 생각만 하면 그대로 이루어집니다."

3·1운동 당시 33인의 한 분이셨던 용성(龍城) 스님은 천수대비주(千手大悲呪)로 수행의 기틀을 바로잡은 고승입니다. 유교 집안에서 태어난 스님은 꿈속에서 부처님의 수기(授記)를 받고 불경을 보고, 16세에 해인사로

출가해서 17세 때 당대의 대고승으로 유명했던 수월(水月) 스님을 찾아가서 "나고 죽음은 인생에 있어 가장 큰일입니다. 모든 것은 무상하여 날로 변합니다. 어떻게 해야 생사도 없고 변하지도 않는 '나'의 성품을 볼 수 있습니까?"라는 소년답지 않은 질문을 했다고 합니다.

수월 스님은 질문에 대한 대답 대신 "지금 숙업(宿業)이 무겁고 장애가 많아 견성법(見性法)을 너에게 일러주어도 제대로 이해할 수 없다. 대비주(大悲呪)를 부지런히 외우면 업장도 소멸되고 마음도 맑아져서 저절로 길을 알 수 있게 될 것이다. 얼마 동안은 아무 생각 말고 대비주만 외우도록 하여라."고 이끌어 주셨습니다.

용성 스님이 수월 스님의 가르침에 따라 부지런히 9개월 만에 대비주를 10만 번 외워 마쳤을 때 불현듯 한 가지 의문이 솟아났다고 합니다.

'산하대지와 삼라만상에는 모두 근원이 있다. 그렇다면 사람의 근원은 무엇인가? 보고 듣고 깨닫고 아는 근원은 어디에 있으며 어디에서 오는 것인가?'

이 의문을 일념으로 품은 지 엿새째, 깜깜한 방에 등불이 밝혀지듯 그 근원을 확연히 알 수 있게 되고, 그 후 '무(無)'자 화두를 꾸준히 참구하여 확철대오(廓徹大悟)하셨던 것입니다.

용성 큰스님께서는 독립운동과 함께 대각교운동(大覺敎運動)을 펼쳐서 불교 발전에 크게 공헌하였습니다. 스님의 큰 깨달음과 보살행의 원천이 대비주였던 것입니다.

용성 스님은 물론 신묘장구대다라니 독송기도로 가피를 입은 분들이 헤아릴 수 없을 정도로 많습니다. 외우기만 해도 이렇게 크나큰 가피를 입는데, 입으로·마음으로 외우고 손으로 쓰면서 마음에 새기는 공덕과 그 가피는 얼마나 클지 미루어 짐작할 수 있을 것입니다.

수월 스님께서 소년 시절의 용성 스님을 대비주로 이끌어주셨듯이 불교에 처음 입문한 사람, 또 세월만 보내면서 신행활동을 제대로 하지 않으신 분은 마음을 다잡아서 치열하게 신묘장구대다라니 기도를 올리십시오. 원하는 것을 다 성취할 수 있습니다.

· 손으로 쓰는 관음기도 7 ·

"마땅히 이 사람은 부처님의 몸과 다름없어서 모든 부처님이 사랑하시고 아끼시는 까닭이옵니다. 이 주문의 위신력은 불가사의하여 이 주문으로 가피 입은 이는 무엇이든 생각만 하면 그대로 이루어집니다."

"마땅히 이 사람은 부처님의 몸과 다름없어서 모든 부처님이 사랑하시고 아끼시는 까닭이옵니다. 이 주문의 위신력은 불가사의하여 이 주문으로 가피 입은 이는 무엇이든 생각만 하면 그대로 이루어집니다."

"마땅히 이 사람은 부처님의 몸과 다름없어서 모든 부처님이 사랑하시고 아끼시는 까닭이옵니다. 이 주문의 위신력은 불가사의하여 이 주문으로 가피 입은 이는 무엇이든 생각만 하면 그대로 이루어집니다."

● 온갖 소원을 성취시켜 주는 관음기도

업장 소멸,
소원 성취의 지름길

신묘장구대다라니(神妙章句大陀羅尼)

나모라 다나다라 야야 나막알약 바로기제 새바라야 모지 사다바야 마하사다바야 마하가로 니가야 옴 살바 바예수 다라나 가라야 다사명 나막 가리다바 이맘알야 바로기제 새바라 다바 니라간타 나막하리나야 마발다 이사미 살발타 사다남 수반아예염 살바보다남 바바말아 미수다감 다냐타 옴 아로계 아로가 마지로가 지가란제 혜혜하례 마하모지 사다바 사마라 사마라 하리나야 구로구로 갈마 사다야 사다야 도로도로 미연제 마하미연제 다라다라 다린나례 새바라 자라자라 마라미마라 아마라 몰제 예혜혜 로계 새바라 라아 미사미 나사야 나베 사미사미 나사야 모하자라 미사미 나사야 호로호로 마라호로 하례 바나마 나바 사라사라 시리시리 소로소로 못쟈못쟈 모다야 모다야 매다리야 니라간타 가마사 날사남 바라 하라나야 마낙사바하 싯다야 사바하 마하싯다야 사바하 싯다유예 새바리야 사바하 니라간타야 사바하 바라하 목카싱하 목카야 사바하 바나마 하따야 사바하 자가라욕다야사바하 샹카섭나네 모다나야 사바하 마하라 구타다리야 사바하 바마사간타 니사시체다 가릿나이나야 사바하 먀가라 잘마 이바 사나야 사바하

　나모라 다나다라 야야나막알야 바로기제 새바라야 사바하 (3번)

손으로 쓰는 관음기도 8

신묘장구대다라니(神妙章句大陀羅尼)

나모라 다나다라 야야 나막알약 바로기제 새바라야 모지사다바야 마하사다바야 마하가로 니가야 옴 살바 바예수 다라나 가라야 다사명 나막 가리다바 이맘알야 바로기제 새바라 다바 니라간타 나막 하리나야 마발다 이사미 살발타 사다남 수반아예염 살바보다남 바바말아 미수다감 다냐타 옴 아로계 아로가 마지로가 지가란제 혜혜하례 마하모지 사다바 사마라 사마라 하리나야 구로구로 갈마 사다야 사다야 도로도로 미연제 마하미연제 다라다라 다린나례 새바라 자라자라 마라미마라 아마라 몰제 예혜혜 로계 새바라 라아 미사미 나사야 나베 사미사미 나사야 모하자라 미사미 나사야 호로호로 마라호로 하례 바나마 나바 사라사라 시리시리

소로소로 못쟈못쟈 모다야 모다야 매다라야 니라 간타 가마사 날사남 바라 하라나야 마낙사바하 싯 다야 사바하 마하싯다야 사바하 싯다유예 새바라 야 사바하 니라간타야 사바하 바라하 목카싱하 목 카야 사바하 바나마 하따야 사바하 자가라욱다야 사바하 상카섭나네 모다나야 사바하 마하라 구타 다라야 사바하 바마사간타 니사시체다 가릿나이나 야 사바하 먀가라 잘마 이바 사나야 사바하

　나모라 다나다라 야야나막알야 바로기제 새바라 야 사바하 (3번)

● 복덕(福德)이 늘어나는 관음기도

밝음이 샘솟아 죄업이 소멸되고 소원을 성취하다

관세음보살본심미묘육자대명왕진언(觀世音菩薩本心微妙六字大明王眞言)

옴 마니 반메 훔

※ 관세음보살본심미묘육자대명왕진언(觀世音菩薩本心微妙六字大明王眞言) 옴 마니 반메 훔: 관세음보살의 본심(本心)이며 산하대지와 삼라만상의 본원성품(本源性品)을 밝음 중의 으뜸인 대명왕(大明王) 여섯 자로 표현한 '진언'이다. 모든 주문 가운데 최상의 진언인 '옴 마니 반메 훔'을 외우거나 쓴 공덕은 금과 보배로써 무수한 불보살을 조성하고 공양하는 것보다 더 큰 공덕이 된다고 한다. 옴 마니 반메 훔을 외우거나 손으로 쓰면 밝음이 샘솟아 모든 나쁜 업이 소멸되고, 삼매에 들게 되고, 법문에 뛰어나며, 청정한 지혜와 복덕이 생긴다고 하여 일찍이 널리 염송하고 쓰였다. 오늘날에도 티벳이나 몽골 등에서는 평생토록 이 진언만 외우는 불자들도 많다.

준제진언(准提眞言)

나무 사다남 삼먁 삼못다 구치남 다냐타
옴 자례 주례 준제 사바하 부림

※준제진언은 죄업을 소멸하고 소원을 성취시켜 주는 진언이다.

· 손으로 쓰는 관음기도 9 ·

관세음보살본심미묘육자대명왕진언(觀世音菩薩本心微妙六字大明王眞言)

옴 마니 반메 훔 옴 마니 반메 훔
옴 마니 반메 훔 옴 마니 반메 훔
옴 마니 반메 훔 옴 마니 반메 훔
옴 마니 반메 훔 옴 마니 반메 훔

준제진언(准提眞言)

나무 사다남 삼막 삼못다 구치남 다냐타
옴 자례 주례 준제 사바하 부림
나무 사다남 삼막 삼못다 구치남 다냐타
옴 자례 주례 준제 사바하 부림
나무 사다남 삼막 삼못다 구치남 다냐타
옴 자례 주례 준제 사바하 부림
나무 사다남 삼막 삼못다 구치남 다냐타
옴 자례 주례 준제 사바하 부림

● 마음으로 그리기 13
관세음보살본심미묘육자대명왕진언, 준제진언, 준제게송

온 정성 다해 마음으로 그려 보세요

● 좋은 인연을 만나는 관음기도

원하는 대로 복덕과 지혜를 갖춘 자녀를 얻게 되다

"만일 한 여인이 아들 낳기를 원하면 복덕과 지혜를 갖춘 아들을 낳고,
딸을 낳기를 원하면 단정한 딸을 낳으리니,
이는 전생에 덕을 심었으므로 많은 사람이 사랑하고 공경하는 것이니라.
무진의여, 관세음보살은 이와 같이 큰 힘이 있느니라."

- 법화경 관세음보살보문품

관세음보살옥환수진언(觀世音菩薩玉環手眞言)

옴 바나맘 미라야 사바하

※ 자녀나 직원을 얻게 해 주는 진언이다.

관세음보살옥환수진언(觀世音菩薩玉環手眞言)

옴 바나맘 미라야 사바하 옴 바나맘 미라야 사바하

옴 바나맘 미라야 사바하 옴 바나맘 미라야 사바하

옴 바나맘 미라야 사바하 옴 바나맘 미라야 사바하

옴 바나맘 미라야 사바하 옴 바나맘 미라야 사바하

옴 바나맘 미라야 사바하 옴 바나맘 미라야 사바하

옴 바나맘 미라야 사바하 옴 바나맘 미라야 사바하

옴 바나맘 미라야 사바하 옴 바나맘 미라야 사바하

옴 바나맘 미라야 사바하 옴 바나맘 미라야 사바하

옴 바나맘 미라야 사바하 옴 바나맘 미라야 사바하

옴 바나맘 미라야 사바하 옴 바나맘 미라야 사바하

옴 바나맘 미라야 사바하 옴 바나맘 미라야 사바하

옴 바나맘 미라야 사바하 옴 바나맘 미라야 사바하

● 마음으로 그리기 14
관세음보살옥환수진언

온 정성 다해 마음으로 그려 보세요

● 액운을 막아 주는 관음기도

늘 지켜보고
재난과 병고에서 건져주시니
위급한 상황에도 두렵지 않네

"관세음보살을 부르면 큰불 속에 들어가도 불이 태우지 못하고, 큰물에 떠내려 갈지라도 물에 빠져 죽지 않고, 나찰이나 악귀들이 해치려 해도 해치지 못하고, 가령 죄가 있든 없든 수갑을 찼을 때도 저절로 부서지고, 흉악한 도적을 만나도 무사히 벗어나게 되느니라. 이는 관세음보살의 위신력이 높고 높아 이와 같으니라."

관세음보살멸업장진언(觀世音菩薩滅業障眞言)

옴 아로늑계 사바하

※ 관세음보살의 대자대비하신 위신력으로 다생의 업장을 소멸시켜 주는 진언.

관세음보살멸업장진언(觀世音菩薩滅業障眞言)

옴 아로늑계 사바하   옴 아로늑계 사바하

옴 아로늑계 사바하   옴 아로늑계 사바하

옴 아로늑계 사바하   옴 아로늑계 사바하

옴 아로늑계 사바하   옴 아로늑계 사바하

옴 아로늑계 사바하   옴 아로늑계 사바하

옴 아로늑계 사바하   옴 아로늑계 사바하

옴 아로늑계 사바하   옴 아로늑계 사바하

옴 아로늑계 사바하   옴 아로늑계 사바하

옴 아로늑계 사바하   옴 아로늑계 사바하

옴 아로늑계 사바하   옴 아로늑계 사바하

옴 아로늑계 사바하   옴 아로늑계 사바하

옴 아로늑계 사바하   옴 아로늑계 사바하

● 마음으로 그리기 15
관세음보살멸업장진언

온 정성 다해 마음으로 그려 보세요

● 행복을 열어 주는 관음기도

재앙을 없애고
상서로운 공덕을 얻는 법

불설소재길상다라니(佛說消災吉祥陀羅尼)

나모 사만다 못다남 아바라지 하다사 사나남 다냐타 옴 카카 카헤 카헤 훔훔 아바라 아바라 바라 아바라 바라 아바라 지따 지따 지리 지리 빠다 빠다 선지가 시리예 사바하

※ 온갖 재앙을 없애고 길상(吉祥)한 공덕을 얻는 진언

불설소재길상다라니(佛說消災吉祥陀羅尼)

나모 사만다 못다남 아바라지 하다사 사나남 다나타 옴 카카 카혜 카혜 훔훔 아바라 아바라 바라 아바라 바라 아바라 지따 지따 지리 지리 빠다 빠다 선지가 시리예 사바하

불설소재길상다라니(佛說消災吉祥陀羅尼)

나모 사만다 못다남 아바라지 하다사 사나남 다나타 옴 카카 카혜 카혜 훔훔 아바라 아바라 바라 아바라 바라 아바라 지따 지따 지리 지리 빠다 빠다 선지가 시리예 사바하

불설소재 길상 다라니

나무 사만다 못다남 아바라지 하다사
사다남 다냐타
옴 카카 카혜 카혜 훔훔
아바라 아바라 바라아바라 바라아바라
지따 지따 지리 지리
빠다 빠다 선지가
시리예 사바하

● 마음으로 그리기 16
불설소재길상다라니

온 정성 다해 마음으로 그려 보세요

● 관세음보살의 열 가지 약속

바로 지금
관세음보살 되는 법

관세음보살 10대 서원

일체법을 어서 속히 알아지이다(願我速知一切法).
지혜의 눈 어서 어서 얻어지이다(願我早得智慧眼).
일체 중생 어서 속히 건네지이다(願我速度一切衆).
좋은 방편 어서 어서 얻어지이다(願我早得善方便).
반야선에 어서 속히 올라지이다(願我速乘般若船).
고통바다 어서어서 건네지이다(願我早得越苦海).
계정도를 어서 속히 얻어지이다(願我速得戒定道).
원적산에 어서어서 올라지이다(願我早登圓寂山).
무위사를 어서 속히 만나지이다(願我速會無爲舍).
법성신을 어서 어서 이뤄지이다(願我早同法性身).

관세음보살 10대 서원

일체법을 어서 속히 알아지이다(願我速知一切法).

지혜의 눈 어서 어서 얻어지이다(願我早得智慧眼).

일체 중생 어서 속히 건네지이다(願我速度一切衆).

좋은 방편 어서 어서 얻어지이다(願我早得善方便).

반야선에 어서 속히 올라지이다(願我速乘般若船).

고통바다 어서어서 건네지이다(願我早得越苦海).

계정도를 어서 속히 얻어지이다(願我速得戒定道).

원적산에 어서어서 올라지이다(願我早登圓寂山).

무위사를 어서 속히 만나지이다(願我速會無爲舍).

법성신을 어서 어서 이뤄지이다(願我早同法性身).

● 관세음보살의 마흔 두 가지 진언과 수인

42가지 손 모양과
진언으로 온갖 소원 이루고
모든 재앙 물리치네

관세음보살 42수 진언

1. 관세음보살여의주수진언(觀世音菩薩如意珠手眞言)
   옴 바아라 바다라 훔 바탁
   〈여러 가지 보배 재물을 얻게 해 주는 진언〉

2. 관세음보살견색수진언(觀世音菩薩羂索手眞言)
   옴 기리나라 모나라 훔 바탁
   〈여러 가지 불안에서 벗어나 평안을 얻게 해 주는 진언〉

3. 관세음보살보발수진언(觀世音菩薩寶鉢手眞言)
   옴 기리기리 바아라 훔 바탁
   〈뱃속의 모든 병고를 물리치게 해 주는 진언〉

4. 관세음보살보검수진언(觀世音菩薩寶劍手眞言)
  옴 제세제야 도미니 도제 삿다야 훔바탁
  〈모든 마(魔)를 항복시켜 주는 진언〉

5. 관세음보살발절라수진언(觀世音菩薩跋折羅手眞言)
  옴 이베이베 이야 마하 시리예 사바하
  〈모든 천마외도를 항복시켜 주는 진언〉

6. 관세음보살금강저수진언(觀世音菩薩金剛杵手眞言)
  옴 바아라 아니바라 닙다야 사바하
  〈모든 원수와 적을 없애주는 진언〉

7. 관세음보살시무외수진언(觀世音菩薩施無畏手眞言)
  옴 아라나야 훔 바탁
  〈항상 불안한 분들, 평안함을 얻게 해 주는 진언〉

8. 관세음보살일정마니수진언(觀世音菩薩日精摩尼手眞言)
  옴 도비가야 도비바라 바리니 사바하
  〈눈이 어두운 분들, 광명을 얻게 해 주는 진언〉

9. 관세음보살월정마니수진언(觀世音菩薩月精摩尼手眞言)
  옴 소싯지 아리 사바하
  〈열병이 났을 때 쾌유를 도와주는 진언〉

10. 관세음보살보궁수진언(觀世音菩薩寶弓篌手眞言)
    옴 아자미례 사바하
    〈좋은 직책과 진급을 돕는 진언〉

11. 관세음보살보전수진언(觀世音菩薩寶箭手眞言)
    옴 가마라 사바하
    〈좋은 친구를 사귀고자 하는 이들을 돕는 진언〉

12. 관세음보살양류지수진언(觀世音菩薩楊柳枝手眞言)
    옴 소싯지 가리바리 다남타 목다에 바아라
    바아라 반다 하나 하나 훔 바락
    〈여러 가지 병마를 물리치게 해 주는 진언〉

13. 관세음보살백불수진언(觀世音菩薩白拂手眞言)
    옴 바나미니 바아바체 모하야 아아 모하니 사바하
    〈모든 악한 일을 없애주는 진언〉

14. 관세음보살보병수진언(觀世音菩薩寶瓶手眞言)
    옴 아례 삼만염 사바하
    〈모든 권속의 화합을 돕는 진언〉

15. 관세음보살방패수진언(觀世音菩薩防牌手眞言)
    옴 약삼나나야 전나라 다노발야 바사바사 사바하
    〈모든 악한 짐승을 물리쳐 주는 진언〉

16. 관세음보살월부수진언(觀世音菩薩鉞斧手眞言)

옴 미라야 미라야 사바하

〈행정기관으로부터 피해를 입지 않게 해 주는 진언〉

17. 관세음보살옥환수진언(觀世音菩薩玉環手眞言)

옴 바나맘 미라야 사바하

〈자녀나 직원을 얻게 해 주는 진언〉

18. 관세음보살백련화수진언(觀世音菩薩白蓮花手眞言)

옴 바아라 미라야 사바하

〈여러 가지 공덕을 얻게 해 주는 진언〉

19. 관세음보살청련화수진언(觀世音菩薩靑蓮花手眞言)

옴 기리기리 바아라 불반다 훔 바탁

〈서방정토에 태어나게 해 주는 진언〉

20. 관세음보살보경수진언(觀世音菩薩寶鏡手眞言)

옴 미보라 나락사 바아라 만다라 훔 바탁

〈큰 지혜를 얻을 수 있도록 도와주는 진언〉

21. 관세음보살자련화수진언(觀世音菩薩紫蓮花手眞言)

옴 사라사라 바아라 가라 훔 바탁

〈시방세계 모든 부처님을 뵙고 싶을 때 하는 진언〉

22. 관세음보살보협수진언(觀世音菩薩寶篋手眞言)
    옴 바아라 바사가리 아나맘나 훔
    〈지하에 있는 보물을 얻고 싶을 때 하는 진언〉

23. 관세음보살오색운수진언(觀世音菩薩五色雲手眞言)
    옴 바아라 가리라타 맘타
    〈신선의 도를 얻으려는 이들에게 권하는 진언〉

24. 관세음보살군지수진언(觀世音菩薩君遲手眞言)
    옴 바아라 서가로타 맘타
    〈범천에 태어나기를 원하는 이들에게 권하는 진언〉

25. 관세음보살홍련화수진언(觀世音菩薩紅蓮花手眞言)
    옴 상아례 사바하
    〈제석천궁에 태어나기를 원하는 이들에게 권하는 진언〉

26. 관세음보살보극수진언(觀世音菩薩寶戟手眞言)
    옴 삼매야 기니하리 훔 바탁
    〈몰려오는 적군을 물리쳐 주는 진언〉

27. 관세음보살보라수진언(觀世音菩薩寶螺手眞言)
    옴 상아례 마하 삼만염 사바하
    〈모든 제천선신을 부를 때 하는 진언〉

28. 관세음보살촉루장수진언(觀世音菩薩髑髏杖手眞言)

옴 도나 바아라 학

〈모든 귀신 등에게 심부름을 시키는 진언〉

29. 관세음보살수주수진언(觀世音菩薩數珠手眞言)

**나모라 다나다라 야야 옴 아나바제
미아예 싯디 싯달제 사바하**

〈시방의 모든 부처님께 속히 구원을 청할 때 하는 진언〉

30. 관세음보살보탁수진언(觀世音菩薩寶鐸手眞言)

**나모 바나맘 바나예 옴 아미리 담암베
시리예 시리탐리니 사바하**

〈모든 미묘한 법을 이루려는 이들에게 권하는 진언〉

31. 관세음보살보인수진언(觀世音菩薩寶印手眞言)

옴 바아란네 담아예 사바하

〈언변을 뛰어나게 해 주는 진언〉

32. 관세음보살구시철구수진언(觀世音菩薩俱尸鐵鉤手眞言)

옴 아가로 다라가라 미사예 나모 사바하

〈선신과 용왕이 옹호해 주는 진언〉

33. 관세음보살석장수진언(觀世音菩薩錫杖手眞言)

옴 날지날지 날타바지 날제 나야바니 훔 바탁

〈자비심으로 모든 중생을 보호하고 싶은 이들이 하는 진언〉

34. 관세음보살합장수진언(觀世音菩薩合掌手眞言)

옴 바나만 아링하리

〈귀신과 용과 동물들의 공경을 원하는 이들에게 권하는 진언〉

35. 관세음보살화불수진언(觀世音菩薩化佛手眞言)

옴 전나라 바맘타 이가리 나기리 나기니 훔 바탁

〈나는 곳마다 부처님과 함께 하기를 원하는 이들에게 권하는 진언〉

36. 관세음보살화궁전수진언(觀世音菩薩化宮殿手眞言)

옴 미사라 미사라 훔 바탁

〈항상 정토에 있고 인간으로 환생하기를 원치 않는 이들에게 권하는 진언〉

37. 관세음보살보경수진언(觀世音菩薩寶經手眞言)

옴 아하라 살바미냐 다라 바니예 사바하

〈많이 배우려는 이들에게 권하는 진언〉

38. 관세음보살불퇴금륜수진언(觀世音菩薩不退金輪手眞言)

옴 서나미자 사바하

〈성불할 때까지 보리심을 여의지 않으려는 이들에게 권하는 진언〉

39. 관세음보살정상화불수진언(觀世音菩薩頂上化佛手眞言)

옴 바아라니 바아람예 사바하

〈모든 부처님이 속히 마정수기를 해 주시기를 원하는 이들에게 권하는 진언〉

40. 관세음보살포도수진언(觀世音菩薩葡萄手眞言)
   옴 아마라 겁제이니 사바하
   〈오곡백과가 풍성하게 결실을 맺기를 원하는 이들에게 권하는 진언〉

41. 관세음보살감로수진언(觀世音菩薩甘露手眞言)
   옴 소로소로 바라소로 바라소로 소로소로야 사바하
   〈목마른 중생이 갈증을 없애고자 하는 이들에게 권하는 진언〉

42. 관세음보살총섭천비수진언(觀世音菩薩總攝千臂手眞言)
   다냐타 바로기제 새바라야 살바도따 오하야미 사바하
   〈모든 마귀를 항복받으려는 이들에게 권하는 진언〉

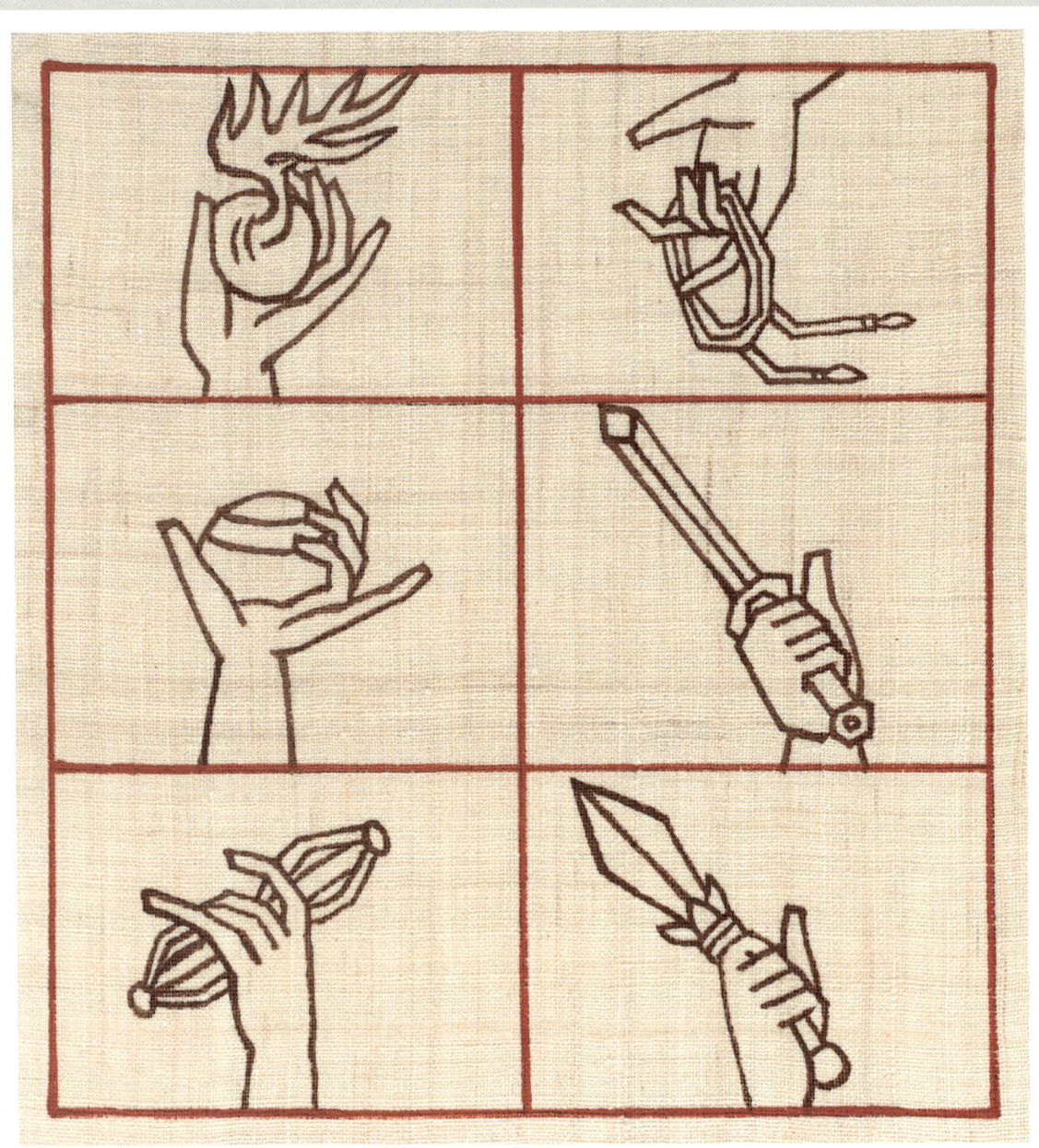

1. 관세음보살여의주수진언
2. 관세음보살견색수진언
3. 관세음보살보발수진언
4. 관세음보살보검수진언
5. 관세음보살발절라수진언
6. 관세음보살금강저수진언

● 마음으로 그리기 17

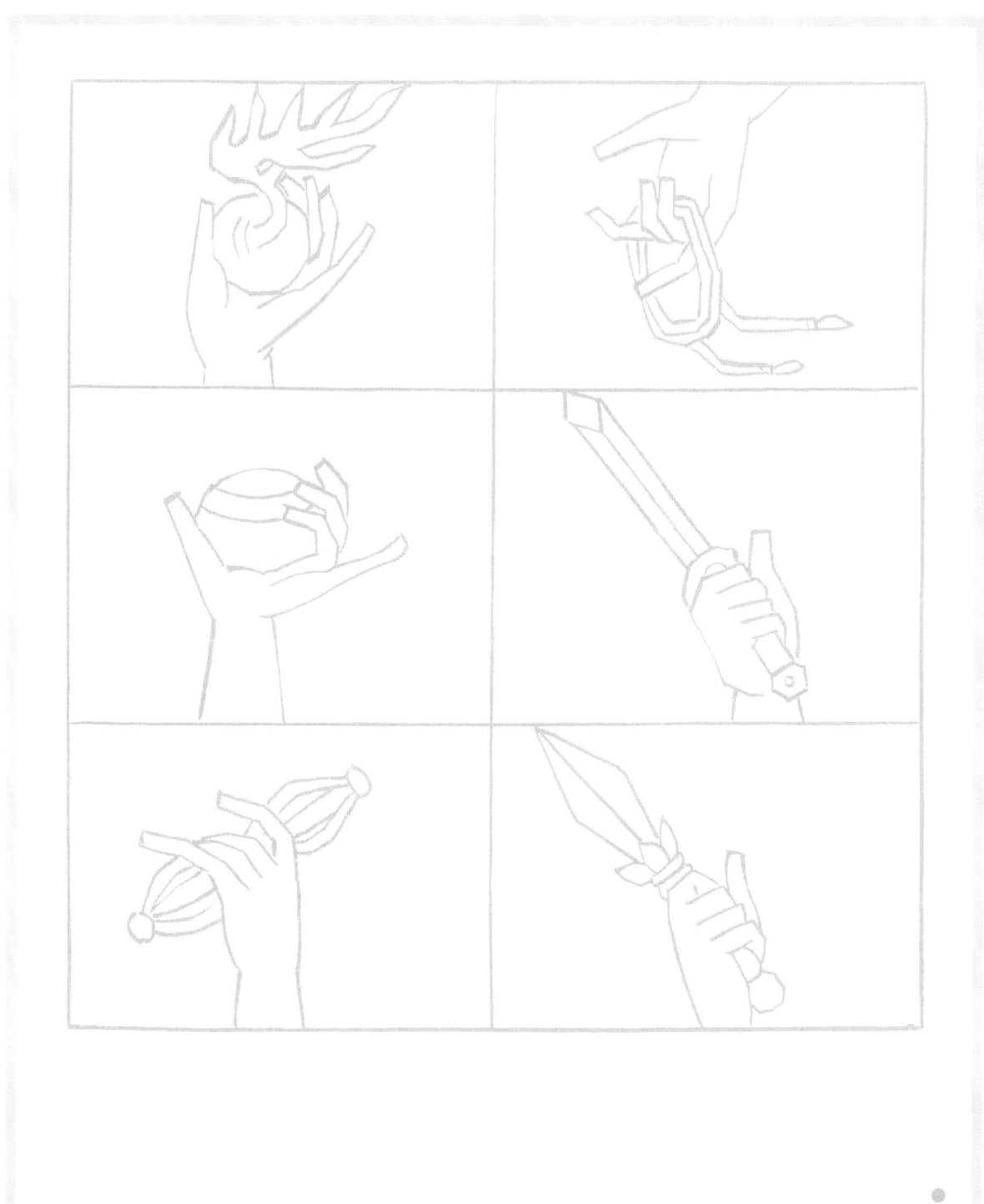

온 정성 다해 마음으로 그려 보세요

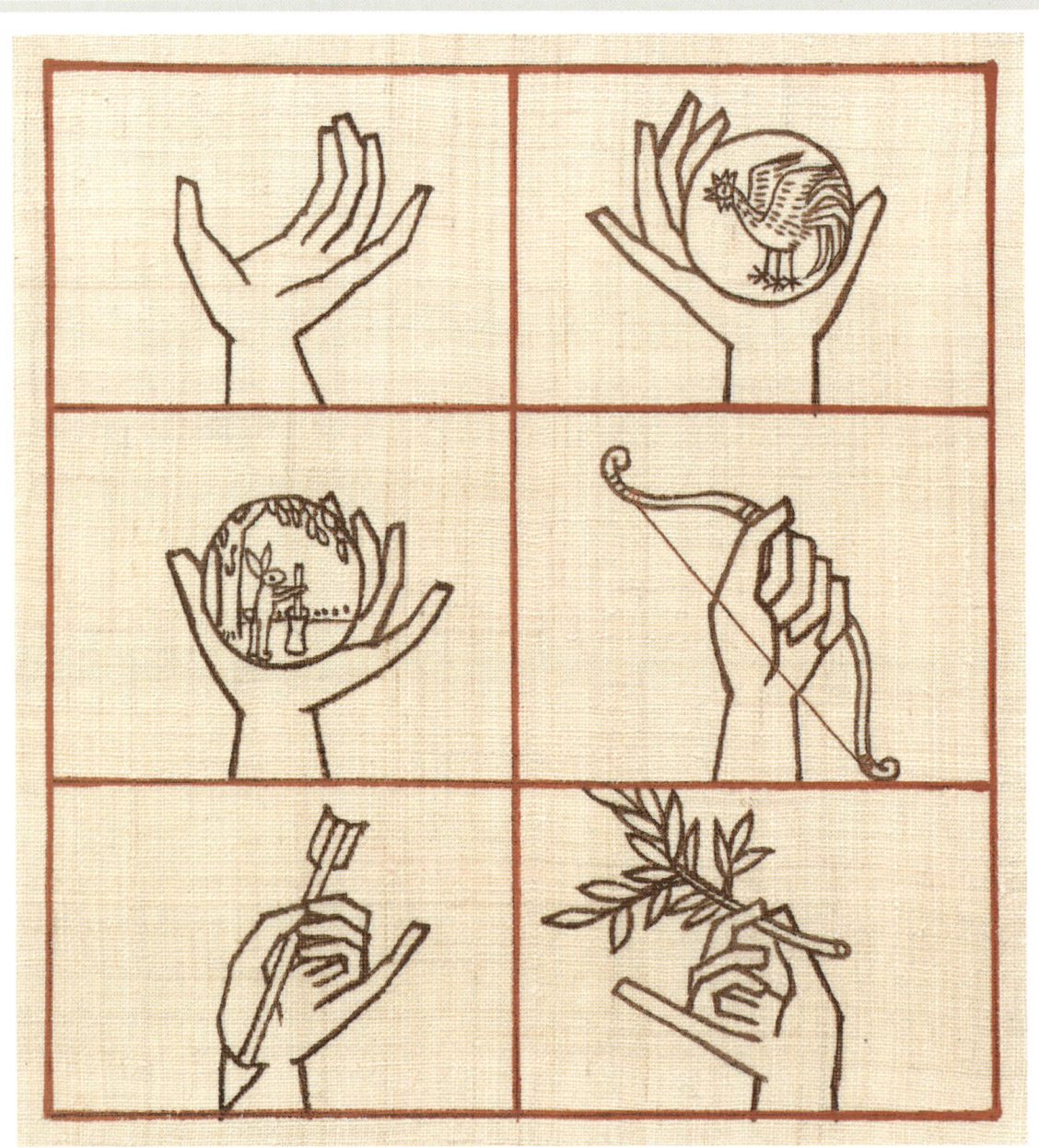

7. 관세음보살시무외수진언
8. 관세음보살일정마니수진언
9. 관세음보살월정마니수진언
10. 관세음보살보궁수진언
11. 관세음보살보전수진언
12. 관세음보살양류지수진언

● 마음으로 그리기 18

온 정성 다해 마음으로 그려 보세요

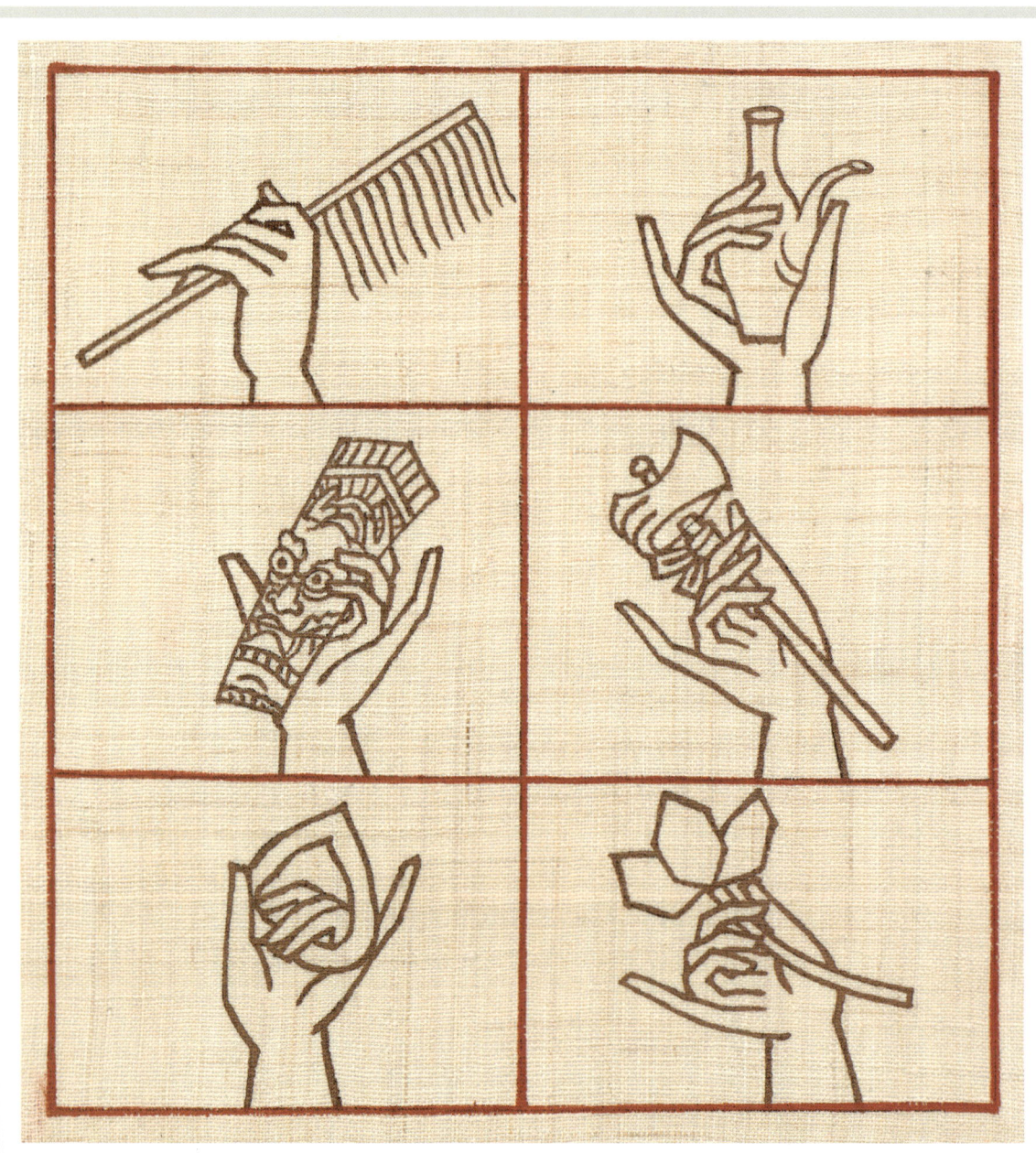

13. 관세음보살백불수진언
14. 관세음보살보병수진언
15. 관세음보살방패수진언
16. 관세음보살월부수진언
17. 관세음보살옥환수진언
18. 관세음보살백련화수진언

● 마음으로 그리기 19

온 정성 다해 마음으로 그려 보세요

19. 관세음보살청련화수진언
20. 관세음보살보경수진언
21. 관세음보살자련화수진언
22. 관세음보살보협수진언
23. 관세음보살오색운수진언
24. 관세음보살군지수진언

● 마음으로 그리기 20

온 정성 다해 마음으로 그려 보세요

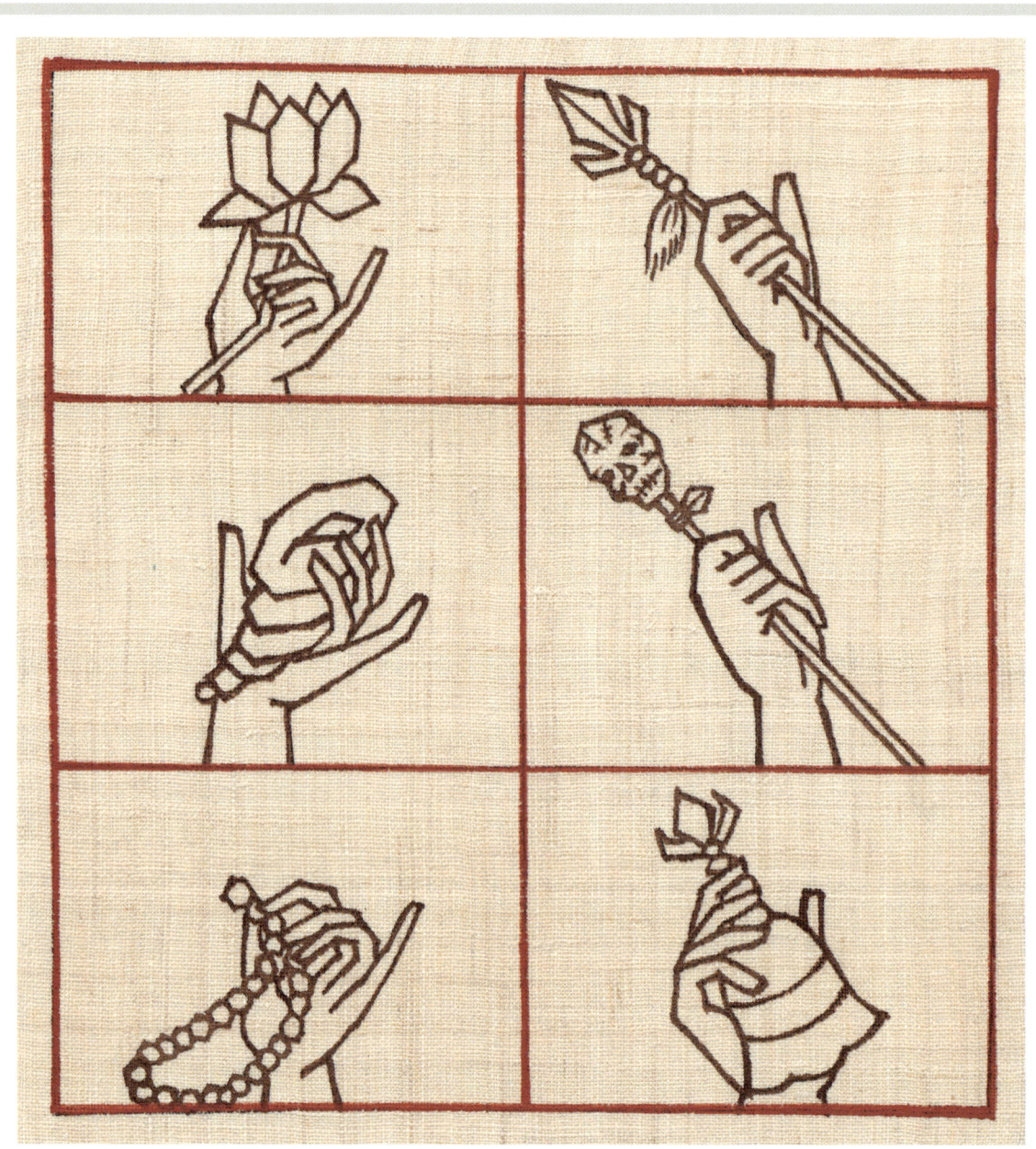

25. 관세음보살홍련화수진언
26. 관세음보살보극수진언
27. 관세음보살보라수진언
28. 관세음보살촉루장수진언
29. 관세음보살수주수진언
30. 관세음보살보탁수진언

● 마음으로 그리기 21

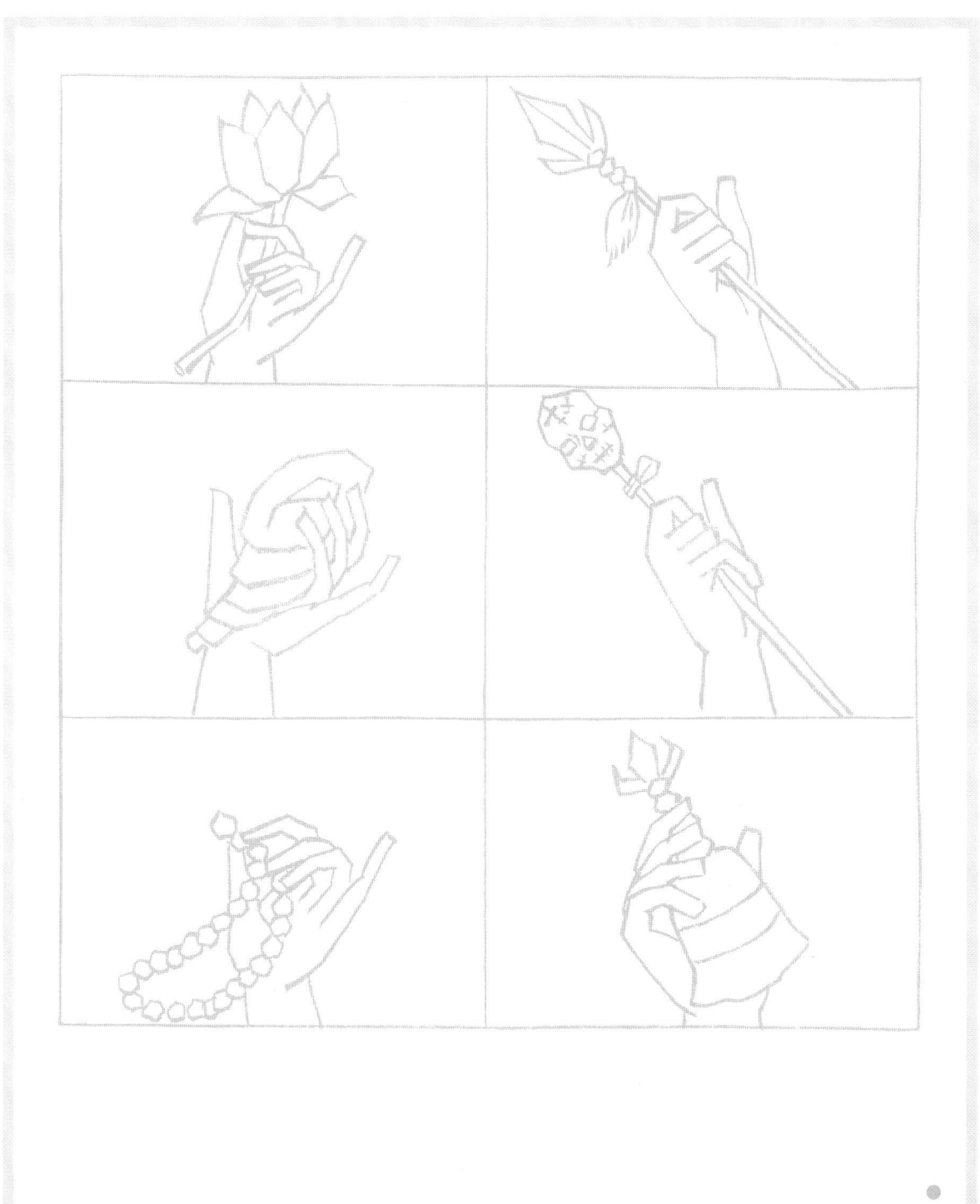

온 정성 다해 마음으로 그려 보세요

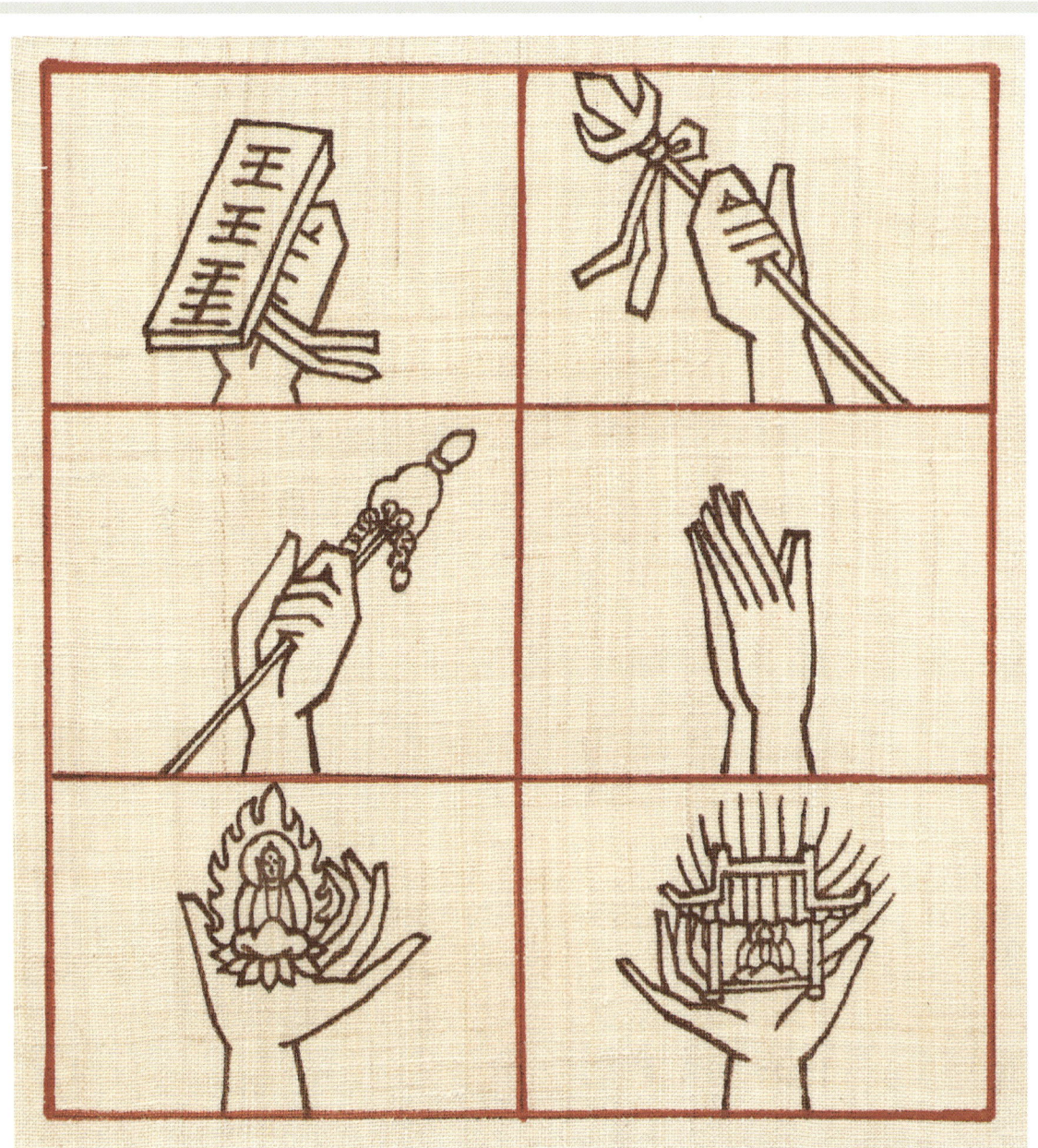

31. 관세음보살보인수진언
32. 관세음보살구시철구수진언
33. 관세음보살석장수진언
34. 관세음보살합장수진언
35. 관세음보살화불수진언
36. 관세음보살화궁전수진언

● 마음으로 그리기 22

온 정성 다해 마음으로 그려 보세요

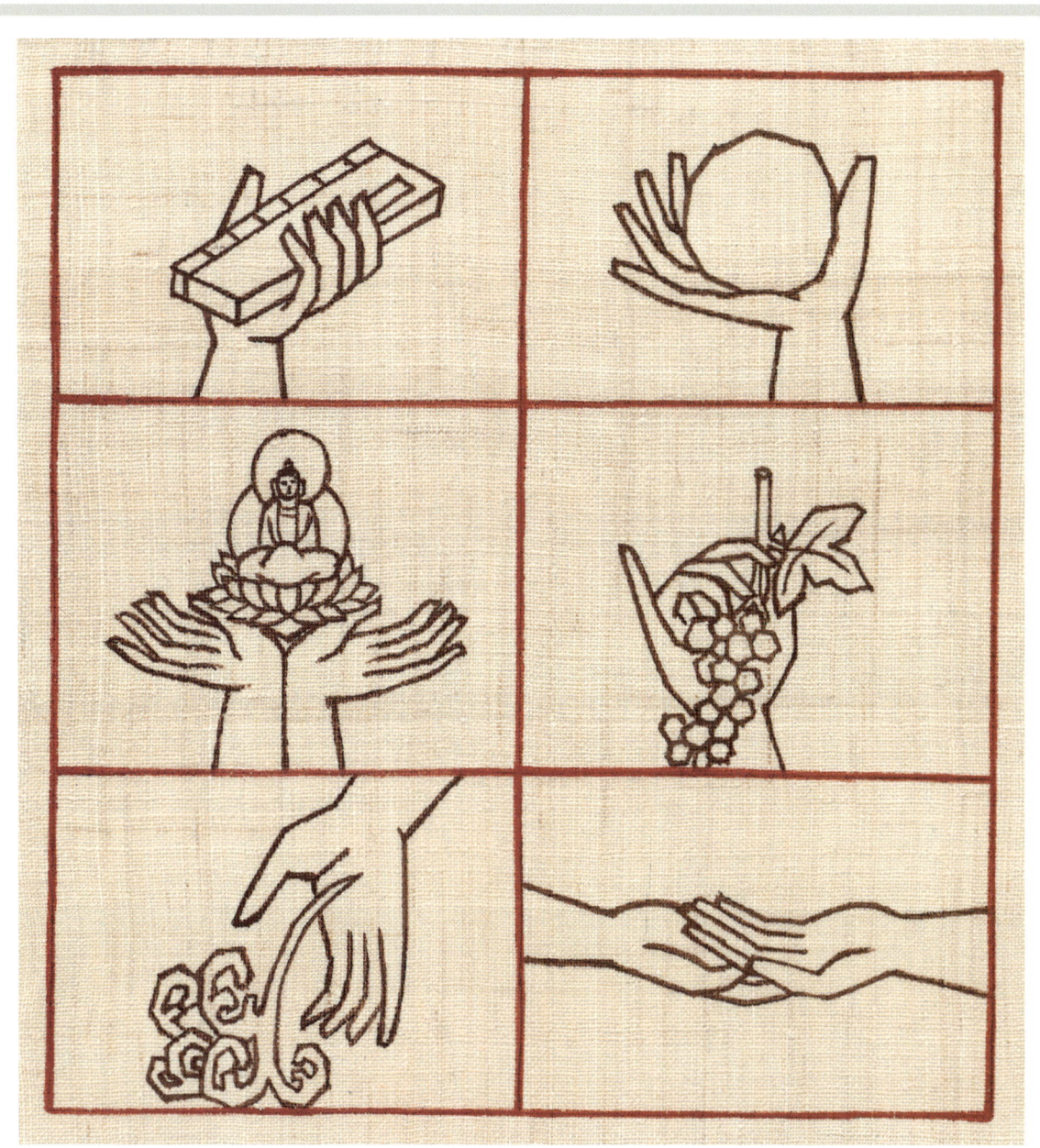

37. 관세음보살보경수진언
38. 관세음보살불퇴금륜수진언
39. 관세음보살정상화불수진언
40. 관세음보살포도수진언
41. 관세음보살감로수진언
42. 관세음보살총섭천비수진언

● 마음으로 그리기 23

온 정성 다해 마음으로 그려 보세요

● 손으로 쓰고 마음으로 그리는 관음기도 회향 발원문

이 인연 공덕으로
세세생생 고통에서
벗어나 행복해지이다

관세음보살님, 천 개의 눈으로 모든 생명의 고통을 낱낱이 살피시고,
천 개의 손으로 온 생명이 고통에서 벗어날 수 있도록 건져주시는
관세음보살님!
지극한 마음으로 돌아가 의지하옵니다.
관세음보살님!
간절히 바라옵나니 이 책 『손으로 쓰고 마음으로 그리는 관음기도』를
통해 우리도 관세음보살님처럼 그 대자대비한 마음으로 보살행을 적극 실
천할 수 있도록 이끌어 주시옵소서.
관세음보살님!
부처님께서 이르시기를,

"만약 무량 백천 만 억 중생이 온갖 고뇌를 받는다 해도 일심으로 관세음보살을 부른다면 관세음보살이 그 음성을 알아듣고 고뇌에서 풀려나게 하리라. 관세음보살의 이름을 마음속에 간직하고 있는 사람은 불 속에 들어가도 타지 않고, 망망대해에 표류한다 해도 곧 얕은 물에 닿게 되며, 처형을 당할 처지에 놓여도 칼이 부러지고 도둑을 만나더라도 능히 침범을 당하지 않으리라. 관세음보살마하살의 위신력은 이와 같으니라"고 하셨사옵니다.

관세음보살님, 오늘 관세음보살님께 목숨 바쳐 귀의하옵니다. 관세음보살님의 대자대비 원력과 위신력에 힘입어 이 시대를 살아가는 관세음보살님의 현신으로 새롭게 태어나겠사옵니다.

이제부터 저는 관세음보살님의 이름을 마음 깊이 간직하고 간절한 마음으로 관세음보살님을 부르고 한 걸음 한 걸음, 말 한마디 한마디가 관세음보살님의 대자비 원력을 보살행으로 보여드릴 수 있기를 간절히 바라옵나이다. 저의 지극한 보살행으로 이 땅을 평화로운 극락정토로 가꾸어 갈 수 있도록 이끌어 주시옵소서.

관세음보살님!

저는 그동안 이웃의 고통과 어려움에 눈과 귀를 닫고 살아왔사오나 대자대비한 관세음보살님 덕분에 우리 모두 다 떨어져 있으나 알고 보면 이어져 있는 관계로 너와 내가 따로 없다는 것을 알게 되었사옵니다. 또한 수많은 사람들과 수많은 생명의 은혜 덕분에 살아갈 수 있다는 것을 깨닫게 되었사옵니다.

　나는 곧 너이며, 너 또한 나라는 도리를 알고 실천할 수 있도록 가피 내려 주시옵소서.

　한마음으로 관세음보살님께 발원하오니

　관용과 베풂으로써 '탐심'을 다스리고, 겸손과 자비로써 '분노'를 다스리고, 정직과 진실로써 '어리석음'을 다스릴 수 있게 해 주옵소서. 경쟁심 대신 자비심을 내고, 독선 대신 배려하는 마음을 내며, 게으름 대신 부지런히 정진함으로써 다른 이의 모범이 되어 이 땅을 영원한 평화와 행복의 극락정토로 일구는 큰 일꾼이 되게 해 주옵소서.

　이제 저는 관세음보살님 앞에 나아가 몸을 던져 사경하고 경배 올립니다. 저의 지극한 발원을 거두어 주시고, 가피 내리시어 저도 바로 지금 이 자리에서 관세음보살님의 화신으로 살아갈 수 있도록 이끌어 주시옵소서.

　오늘 저는 관세음보살님의 화신이 되어 대자비 대원력을 생활 속에 실천하며 살아갈 것을 발심하고, 관세음보살님 전에 맹세하옵니다. 모쪼록 이 책 『손으로 쓰고 마음으로 그리는 관음기도』를 읽고, 사경하고, 관세음보살님을 그리고, 독송하며 사유한 공덕으로 인연 있는 이들 모두 세세생생 고통에서 벗어나 품은 뜻 이루고 행복해 질 수 있도록 가피 내려 주시옵소서. 아울러 보살행을 실천하여 많은 사람에게 이익을 줄 수 있도록, 마침내 내 안의 불성(佛性)을 찾아 불과(佛果)를 이룰 수 있도록 해 주시옵소서.

　나무 관세음보살 마하살.

손으로 쓰는 관음기도 14

"관세음보살은 중생이 원하는 모습(32相)대로 이 세상에 몸을 나투어 제도하며 해탈케 하느니라. … 그대들은 한마음으로 관세음보살에게 공양하라. 이 관세음보살마하살은 두렵고 위급한 근심과 재난에 처했을 때 두려움을 없애주시니 이 세상에서 그를 일러 두려움이 없는 것을 베푸는 이라고 하느니라."

— 법화경 관세음보살보문품

"관세음보살은 중생이 원하는 모습(32相)대로 이 세상에 몸을 나투어 제도하며 해탈케 하느니라. … 그대들은 한마음으로 관세음보살에게 공양하라. 이 관세음보살마하살은 두렵고 위급한 근심과 재난에 처했을 때 두려움을 없애주시니 이 세상에서 그를 일러 두려움이 없는 것을 베푸는 이라고 하느니라."

— 법화경 관세음보살보문품

● 마음으로 그리기 24

어루만져야 할 중생이 얼마나 많았으면 관세음보살의 손이 천 개나 되었을까

온 정성 다해 마음으로 그려 보세요

● 마음으로 그리기 25

지켜봐야 할 중생이 얼마나 많았으면 관세음보살의 눈이 천 개나 되었을까

온 정성 다해 마음으로 그려 보세요

손으로 쓰고 마음으로 그리는 관음기도

초판 1쇄 발행 | 2017년 5월 1일
초판 2쇄 발행 | 2019년 4월 15일

지은이 | 불영 자광
그린이 | 양선희
펴낸이 | 윤재승
펴낸곳 | 민족사

주간 | 사기순
기획편집팀 | 사기순, 최윤영
영업관리팀 | 김세정

출판등록 | 1980년 5월 9일 제1-149호
주소 | 서울 종로구 삼봉로 81 두산위브파빌리온 1131호
전화 | 02)732-2403, 2404 팩스 | 02)739-7565
홈페이지 | www.minjoksa.org
페이스북 | www.facebook.com/minjoksa
이메일 | minjoksabook@naver.com

ⓒ 불영 자광·양선희, 2017

ISBN : 978-89-98742-86-7 (13220)

※책값은 뒤표지에 있습니다. 잘못된 책은 바꿔 드립니다.
※저작권법에 의하여 보호를 받는 저작물이므로 무단으로 복사,
  전재하거나 변형하여 사용할 수 없습니다.